讓你自帶好運的奇蹟習慣

只要十天，身心、工作、生活、關係都會
逆勢翻轉的關鍵祕密

米奇・霍羅威茨 Mitch Horowitz／著　　姚怡平／譯

The Miracle Habits:
The Secret of Turning Your Moments into Miracles

獻給賈桂琳，妳是奇蹟。

目錄

習慣❸ 自我負責，兌現承諾與渴望

目錄

目錄

目錄

推薦序
開啟自己的奇蹟篇章

亞蒂絲／YouTube熱門中文冥想引導者、
《亞蒂絲的12堂愛自己冥想課》作者

我曾經陷入低潮、跌落人生谷底，在那段時間裡逐漸對形而上學求知若渴，更開啟我一連串的心靈成長學習之路。

如何把自己從谷底拉回？如何在生命中創造奇蹟？如何克服生命帶來的挑戰？這是我一直在追尋的疑問。

作者米奇．霍羅威茨（Mitch Horowitz）經歷離婚、單親爸爸撫養孩子，曾住在下東城周圍充滿汙穢的街道上，在那情境下他發現吸食大麻、喝酒、抽菸的量開始增長，驚覺自己正在向下沉淪，他意識到必須有所改變，於是透過許多新時代的心靈成長方法，開始轉變自身習慣，從而帶來了人生的新篇章。

書中的內容與我信奉的觀念不謀而合，他寫著：「真正的使命就存在於個人的力量。」同時他也相當坦率，他反對某些靜修機構以逃避原則來處世，更提到：「當代追尋者若是想透過逃避成就原則，就會受個人分裂之苦。」

這與我經常和聽眾分享的概念類似：藉由愛自己來調整自身信念，找回個人力量。我們不應該覺得世界痛苦而遁形到冥想之中，逃避世界不是健康的策略。

那什麼才是良好的策略？本書能帶來一些答案，書中探討了十三種習慣，以及延伸概念創造出來的「十日奇蹟挑戰」。第一個習慣便是：抱持專注力，探求人生目標。

透過尋常無比的習慣來創造好運

專注力是顯化願景最重要的元素之一，所有成功人士都不約而同地提起這件事——懷有熱誠、堅定不移地向前邁進，許多企業家、運動選手，他們會寫下自己的目標，每天起床睡前都會再看一遍自己寫下的目標來思考。

作者還談及：打造你的整體環境、遠離冷血之人，他強調我們需要親手打造自己內、外世界。這意味著我們不應該再順著世界隨波逐流，我藉由冥想來鞏固內在世界需要堅守的價值、信念，作者也分享自己每日會靜觀冥想來強化自己的專注力，專注在自身目標、信念。

他並不是以權威、老師、醫生等專業身分來寫，而是以一個長年研究心靈成長脈絡，記錄自己如何透過尋常無比的習慣來創造好運。作者分享他最核心的信念，這也提醒著我：「自己的努力是受到普世與無形原則的支持。」

形而上必須是與現實世界是接軌的，把學習到的心靈成長核心，真正落實，展現於你的習慣之內，這才能帶來自然而然的奇蹟。

此書提到的十三種習慣，在各篇章裡都記錄了更細膩的理論要點、奇蹟操練方法，每一個習慣都珍貴無比，現在的我願意每天翻開來看，做為生活中日常的指引。

如果我能再早一點得知就更好了，生命歷程肯定能夠更順暢，然而我還是很高興自己最終能看見此書，也祝福每一位擁有這本書的朋友，能夠因此開啟自己的奇蹟篇章。

前言

讓奇蹟成為日常的小習慣

我見過有才能者在工作上、在生活中養成了壞習慣，揮霍了大有可為的事業、受眾、前景；也看過表現普通的人養成了好習慣，達到傑出的成就。然而，本書講述的並不是這兩種人。

本書不只是某些成功或觀念的養成，而且不是要把快樂程度提高一〇%、不是要變得「夠好」、也不是要重新整理襪子抽屜，如同書名所示，**本書是要講述如何促進奇蹟發生。奇蹟不是一輩子僅有一次的經驗，而是人生裡一再發生、自然存在的一部分。**我對奇蹟的定義很簡單：**奇蹟是一種偶然發生又出乎預料的事件或處境。**

我認為，襲捲天堂有其效用，也就是以問心無愧的態度攀上自己想抵達的高峰。在我看來，今日的治療與心理勵志領域在談及「使命」、「感激」、「意義」時，多半有誤導作用。這類詞彙有如占位的符碼，人們用不著明確說出這輩子真正想要的事物。真正的使命與意義存在於個人的力量，亦即存在於培養的天命、頂尖的表現、理想的自我表現。無論有何目標、需求或心願，本書都闡述了哪些方法可以把不凡（又合乎道德）的可能性帶到人生。

務必要站在合適的位置上，我們即將踏上成就之路。在寫前一本書《奇蹟俱樂部》（*The Miracle Club*）時，我認為，當代的追尋者若是逃避成就原則，就會受個人的分裂所苦，並以失望告終。那些夢寐以求的心願，我不願用「認同」或「依附」來稱呼，這類標籤源於古老又受文化制約的宗教傳統（凡是宗教都受文化制約），我認為這類宗教傳統不太適用於大部分的現代生活。自我發展與創造力背後的衝動天生存在於個人特質中，彰顯那些衝動並設下道德框架，應是靈性生活的目標。在道德上，我的意思是，不要去否定別人的自我發展，畢竟你也為了自己在追尋自我發展，應要察覺自身逃避創意衝動時經歷的矛盾情況，並多加留意。

二〇二〇年初，身居科羅拉多州弗蘭特山脈（Front Range）地區的柯頓．霍姆斯（Colton Holmes）傳來消息。*柯頓及其妻前陣子離開靈修社區，他們之前住的社區提供類似的靈修方式，而他們最終提出質疑。霍姆斯寫給我的內容如下：

> 前陣子，我們搬離住了八年的靈修所。在靈性道路上，我以為金錢、退休、所有世俗的存在等等，基本上就只會令人分心並造成阻礙，而這種靈修心態我一直放不下。我個人覺得舊有的靈性傳統有很多都需要回頭仔細檢視自身，我想你也有同感。這類傳統機構的教導方式與其說是幫助學員獲得一定的成長，不如說是在支撐機構本身。

我認同他的說法，且要進一步闡述。在我看來，身為被創造出來的產物——從赫密斯派（Hermeticism）到猶太教的靈性傳統都說人類是依照造物者的形象做成的——**理應**期望人生會有奇蹟發生。雖然我們面對無數複雜事物，經歷多種定律與力量，但是自我表現之歌會以最完整最多樣的形式存在，並渴望從每個人的心靈裡萌生出來。若有行為

＊本書提及的真實姓名與地點均已獲得許可。有些新思潮（New Thought）與激勵人心的刊物，資料出處難以追蹤或匿名，勸大家別相信當中的「奇蹟」故事。真理必須要公開透明。

會抑制自我表現之歌，就會造成內在的衝突與挫折感。我見過太多同行者在靈性道路上經歷嚴重的內在分裂，在探求藝術、家庭或財務上的心願時，跟不依附的制約觀念有所扞格。此外，根據我的個人經驗與社群經驗，個人若是無法唱出自我之歌，無論最深切的心願有多明確都不去探求，那就得不到真正的快樂。就自我發展一事而言，深度與高度、靈性與世俗之間，在使用一般術語上是不存在分歧的。探求的**態度**比探求的**本質**更為重要。不過，每個人都務必要找出一條最能充分表達自我並符合自身定義的途徑。

根據部分靈性傳統的教誨，人類缺乏自我觀點，內在也太分裂，說不出該怎麼去擁有、去理解真正的心願。基於經驗，那種判斷我並不贊同，我認為在某些敏感時刻，身為個體的我們擁有更具高度的觀點——不是最好的，但更具高度。我們並非什麼宇宙級笑話的受害者，不會因此無法認識自己、無法知道自己真正想要什麼。只要脫離同儕壓力與制約，就會發現我們比自己所知的還要成熟。

在靈性與文學的文化上，對志向的反制會帶來具有諷刺意味又近乎幽默的結果。二〇一九年，《紐約時報》（*The New York Times*）的專欄版刊出了普林斯頓大學（Princeton University）寫作講師的文章，反對大家「渴望優異」，還讚賞「剛剛好就好」的價值觀。這個主題在社會評論者之間越發受到歡迎，暢銷專欄作者大衛·布魯克斯（David Brooks）即是其一。「剛剛好就好」的文章是怎麼登上大家都覬覦的版面？該位作者在布魯克林公共圖書館發起的寫作比賽贏得第一，這樣說可沒在諷刺。

以日常生活方式為基礎，促進奇蹟發生

我們能不能真正成為自己想要的樣子？只有你可以替自己回答這個問題。不過，我們肯定是拿到了一首歌，只是那首歌我們傳達不出來，頭腦的創意才能也無法發揮，等到我們接受自己真正想要的，就能做到。你知不知道自己這輩子到底想要什麼？第一章會幫助你採用有意義的說法來回答這個問題，而在本書的旅程中，這也是核心所在。

你可以踏上這趟旅程，以自己每時每刻每日的生活方式為基礎，促進多件奇蹟發生。換句話說，就是以自己的習慣為基礎。本書的英文書名副標是「掌握獨門訣竅，把

片刻化為奇蹟」。我站在布魯克林區某個街角，想著本書的副標該用什麼文字時，看見路燈上貼了一張廣告（詳見下圖）。

也許是偶然，也許是因果，也許是共時性，我判斷不出來，卻也接受那張廣告是一種提示，帶領我前去另一處。就我所有討論成功的談話而言，這本書在廣義上並不是世俗的心理勵志書。我是站在靈性的觀點來看待人生，而我所說的靈性，純粹是指不合乎物理定律。在我看來，人生不僅是由認知與運動機能組成，人類的心理也具備了引發或選擇的能力，這勝過一般的感官觀察。你可以使用新思潮、魔法（magick）、正向思考、超感應能力（Extrasensory Perception, ESP）等詞彙，或你喜歡的任何標籤，但是從我個人的經驗，從多個世代的證言，從神經可塑作用、量

（你把片刻化為奇蹟。）

子力學、安慰劑研究、身心醫學、精神研究等領域冒出的特別問題，我深信人類的心智會跟周遭世界產生交互作用，對結果產生了不合乎物理定律的影響。我在《一個簡單的想法》（*One Simple Idea*）、《奇蹟俱樂部》、《美好的術士》（*Magician of the Beautiful*）等書中探討過該論題，在此不會整個重講一遍。正如前述書籍，我並不是以權威、老師或臨床醫生的身分寫這本書，只是以追尋者的身分書寫。在這脈絡下，我提出的想法是側重哲學與形上學。

本書以我的觀察與經驗為基礎，描述哪些親身實踐的日常行為可以陶冶不凡。我們從事的是一些公認超然、永恆、心靈的領域，同時具備平凡、線性、慣常的性質。前述項目之間的差別在於技巧。不過，人們在這些方面的經歷各有不同。同樣地，人生各領域及我們在當中扮演的角色，等於是對我們提出了多樣又確鑿的需求。為了物質而去忽略心靈，或為了心靈而去忽略物質，就會導致失衡，最後產生不滿足的感覺。我沒有要求你在這些領域中做出選擇，我也沒那樣要求自己。二〇二〇年有讀者來函，正好提出了選擇處世之道或選擇某個領域的問題。來信者巧妙地點明該議題，在此全文引用：

米奇，你好：

我盡量言簡意賅。

我聽了你兩集的Podcast節目，鄧肯．楚塞爾（Duncan Trussell，美國喜劇演員）是來賓，我被電到了……不誇張，哈……是被想法和概念給電到了。之後聽了你的幾本書，還有內維爾．戈達德（Neville Goddard）、拿破崙．希爾（Napoleon Hill）、約瑟夫．墨菲（Joseph Murphy）等作者的書。*

我踏上靈性道路已有多年，不過直到發現了你和這些大師，我才體悟到當中蘊含的深遠意義。

你一次次表達你對內維爾的欽佩。若說你把他放在敬重的嚮導／老師清單裡的前幾名，我認為這種說法並不為過，而我也抱持同樣看法。

雖然有很多問題想提出，但最急迫的問題如下：「講到內心渴望的成就，內維爾和其他作者（特別是希爾）之間有著鮮明的差異，你是如何加以協調？」

內維爾似乎很常以自己的方法，提出個人與第三方的例子，藉此闡述個人只要想著某個渴望，想法就會變得清晰起來。例如：某個人心想著／靜觀著自己想要的房子，然後就會獲得房子；某個人想要圍巾，然後就會獲得圍巾。

在我看來，希爾和你喜歡的做法是把內心的渴望跟所有可用的行動方法——靜觀、感激、愛、原諒等——**結合**起來。要達到一個人的渴望／目標，這種做法的成效最好又最體面。

我喜歡內維爾表達這些想法的方式，十分簡單又美好。我也能一遍遍聆聽他的教誨。這些大師的觀念各有不同，我只是真的很想知道你是怎麼協調的。

再說一次，發現你和你的作品，我心懷感激。

你的朋友

布萊恩・諾特（Bryan Nolte）

懷俄明州綠河

我的回覆如下：

＊如果這些名字聽起來很陌生，接下來幾章會探討。

布萊恩，你好：

你的來信完美表達了該議題和我的觀點，而我真的很重視你提出的問題。我自己有過不少的掙扎。我認為內維爾傳授的是終極的真理，也就是說，智慧是現實的最後仲裁者。不過，我也認為日常生活中存在著眾多外力干預。我們經歷許多的定律和力量，在一般的感知範圍內，我們在這世界的經驗非常「真實」。量子物理學很真實，原子之間的空間很真實，儘管如此，踢到了腳趾或搬動東西的時候，我還是經歷了質量。因此，我覺得在這個物質世界裡，有什麼必須要做，就得去做。比如說，不用在內維爾以及更正向的做法之間做出選擇，只要採取行動就有可能會實現。無論如何，我們必須滿足世人的期望，比如說，要去看電影的話，我跟他一樣，都必須去買票。事情會透過已確立的管道發生。希望這能有所助益。保持聯絡。

祝好

米奇

若說本書是《奇蹟俱樂部》的錦上添花，而我也有如此期望，那麼本書可以說是詳盡探討了哪些日常行動是與這個形上學概念相互呼應。我打算寫一本未來書，完全側重於想像力的力量及思維的極致能量，至少要根據我們的親身經歷去描寫。不過，我現在的心願是去落實一八九八年威廉·詹姆斯（William James）在加州大學柏克萊分校（UC Berkeley）的研討會期間提出的呼籲，他敦促美國哲學家革除舊世界的學院傳統，還構思了「**現金價值**而非特定經驗」的人生哲學。他用粗體強調這個詞，而這個用詞構成了本章英文名稱。詹姆斯呼籲的是一種可直接應用在人生的哲學概念，而我為此激動不已。我相信本書提出的步驟可在近期的執行、成效、經驗上帶來具體又重大的益處，而且只要發自內心想要實踐步驟就行了。

經實證有效的十三種奇蹟習慣

一八四一年，美國思想家拉爾夫·沃爾多·愛默生（Ralph Waldo Emerson）在〈論自立〉（Self-Reliance）一文中寫道：「模仿等同於自殺。」我也想要實踐該項原則。在這個時代，無以計數的人生教練在YouTube上裝腔作勢，所以我想要給你的最後一樣東西是那種在別處也找得到的精神食糧。我不會因為是別人說過的話我就不去說，有時別人說的話更好，但在此保證，**我寫的一切都是我實踐過的，而且是根據經驗談，建議你照著去做**。本書列出的原則並不是陳腔濫調，也不是未經檢驗。我也鼓勵你按照自己實踐的標準來理解本書，請檢驗我所說的一切吧。對你而言沒用處的，全都給丟了吧。讓這些習慣和做法內化成自己的一部分。

十三種「奇蹟習慣」如下：

習慣一：抱持專注力，探求人生目標

懷著十足的熱忱與獨有的特性，堅守一項核心目標，就能徹底改變人生。這是人生中最棘手卻也最神奇的一場交易，必須做出困難的決定、付出大量努力，最後就能獲得非凡的成果。

習慣二：內外合一，活出獨特自我

一切都是一體的，包括「內在」與「外在」的你。讓自己可以自由去徹底改變某個人生層面，一切就會隨之改變。不按別人的規則，用你自己定的規則打造整體環境。

習慣三：自我負責，兌現承諾與渴望

最崇高、最有吸引力的習慣，當屬信守諾言並實踐承諾，而且是所有承諾都如此。你還必須探問自己想要何種回報。與其著重在解析原因，不如把重點放在如何實踐解決方案。

習慣四：付出時間、金錢、忠誠，實際協助他人

我厭惡人們虛偽地讚頌「服務」一詞。那些我所知最不可靠的人，口頭上總講著這類陳腔濫調。付出與服務必須有力地完成。找出哪些地方真正需要你的幫助，並且付諸行動。所謂的幫助指的是時間、金錢、忠誠。

習慣五：拒絕八卦和謠言，維持好品格

八卦、謠言、瑣碎的意見會降低你的品格，程度超乎你的想像。只要花一小時克制不碰，就會站得更抬頭挺胸。

習慣六：遠離冷血者，讓自己更強大

懷有敵意的演員、操縱者、冷血者比比皆是。不管是在何種處境下，這些人都不該

存在於你的人生。把腐爛的橋給燒了，觀看新橋出現在腳下。

習慣七：選擇對的戰友，提高生產力

抹去了冷血的言行，隨後就必須選出那些會支持你的朋友和同事。你見證過的每一位成功人士都是聯合眾人之力的結果。聰明地選出你的戰友吧。

習慣八：用對金錢，帶來力量

支出與儲蓄的習慣可左右你在這世上的力量。哪些事物會讓你更有能力增強力量，就在那些事物上面花錢。

習慣九：不重要的事，不值得浪費時間

快速行動並掌握主導權，就是成功的特徵。時間會耗費心力，速度可駕馭心力。不分散心力，不要停留在無足輕重的案子上。

習慣十：強健體魄，也是在訓練心智

必須強健體魄。現在忽略體力與健康，將來就要用盡全力來修正這些不足之處。

習慣十一：與困境相伴，才能真正成長

失敗、挫折甚至是逃避都很痛苦，但唯有經歷這些才能獲得真正的成長。沒有經歷挫敗，在情緒上、智力上就還是個孩子。

習慣十二：制定信念，穩定邁向目標

有信念就表示體會到自己的背後有著普遍通用的原則在支撐。信念可以彎折強化。在靈性道路上，請制定自己的規則。

習慣十三：相信自己的選擇

實踐自己天生的權威，不要為了獲得安全感或聲譽就服從，如此體驗到的滿足感會高出許多。體面有礙成長。

我認為這些習慣不僅能改善人生，最後更會改變人生。第一波的改變可能來得很快，而當中若有一種做法能中斷負面模式，能破壞某種僵化或沒生產力的行為，那麼改變就會來得格外快速，或帶來本質上長期的改變。至於大部分的讀者，在此冒昧說一句，你們會經歷到立即且可能戲劇性的好處，而在這之後，也許會進入平穩的狀態。

不過，若有紀律又穩定地保有這些習慣，那麼無數的阻礙會就此移開，多道大門就此開啟。你會碰到各式各樣絕佳的機會。

之所以會突然有所改變，進入平穩狀態，而後獲得長期的好處，原因就在於靈感與紀律之間的緊繃狀態。紀律的重要性大過於靈感。靈感有可能會在適合的時刻突然浮現，帶來莫大的差別，但靈感的到來並不一致。反之，紀律則是沒那麼戲劇化地一致達到渴望的成果，不一定會合乎預測或期望。所以這些步驟才會叫做習慣，必須固定不變。結果到來之時可能看似不凡，然而，底下還存在著奠定根基的工作。

社會教導大家把抽菸、渴望咖啡因、從事強迫行為等習慣看成是負面的，大家在口頭上也把習慣看成是自動自發又持續不斷的行為。雖然行為學家對於習慣的形成方式並沒有完全相同的看法，但是腦部掃描結果顯示，重複的行為會打造出新的神經路徑，進而在身體上加強習慣，這就表示人可以培養出有意義又正面的習慣。不過，行為學家告誡，很少人能長久保有必要的動力，因此要培養自己渴望的全新習慣是很困難的。本書是獻給那些想要成就難能可貴之事的人們。如果對目標懷有滿腔的熱忱（亦即本書十三種基本習慣的第一種）以及十足的渴望，那麼目標本身就會喚出多種支持行為，我見過這種情況發生在別人和自己的身上。

拿破崙．希爾針對習慣的性質所撰寫的文字為我帶來了啟發。《思考致富》面世八年後，希爾在一九四五年出版的《富裕之鑰》（*The Master Key to Riches*）提出「宇宙習慣的力量」的觀念，我認為這個觀念是這位作家最具洞察力的見解之一。宇宙習慣的力量是正面的重複行為週期，是自然界維繫本身之道，行星的旋轉、潮汐的起落、季節的循環皆屬於此類。在所有生物當中，唯有人類有能力選擇自己的習慣，因此在創造方面扮演自我選擇的角色。如果選擇了可增進生產力的習慣，就會以自然又有生產力的方式，合乎那些實現自然與生命的定律。這跟道家與超驗主義（Transcendentalism）的概念沒有什麼不同。

一旦你在這股邁向持續成長與擴充的宇宙之流裡頭運作，生產週期自然會跟著出現。由此可見，其實你永遠不會沒有資源。只要培養正確的習慣（亦即有生產力的行為和意圖），避免某些同樣強大的反干涉行為，就會來到自己追尋的目的地，好比掉落的樹枝會順著河流而下。然而，有一點跟樹枝不同，有感情的人類具備了專注力、注意力、選擇權的可能性。做出聰明的選擇就會進入這條河流，但這絕非易事。

希爾認為有了失敗才能在「宇宙習慣的力量」系統內修正路線，這點會在〈與困境相伴，才能真正成長〉一章加以探討。失敗必然十分痛苦，但遭遇失敗是可以獲得好處的，那些形成阻礙又不成功的思維模式、計畫、行為、關係就會因此告終。那些是被什麼取代了呢？是被本書探討的行動取代了。

彈性運用，改造人生

我體會到許多勵志書在本質上都很籠統，人會在人生不同的時間點面對數不清的挑戰，沒有一個文本可以涵蓋全部。書寫這些文字之際，美國剛面臨新冠病毒的危機。我提出的建議當中，有一部分的適用性可能會受到以下因素影響：你的健康情況；你做為家長、配偶或照顧者的身分；你的就業情況或立即的財務需求；你所處的地域。需求與責任冗長難解，我並不是沒受到影響。我是單親爸爸，帶著兩個正值青春期的兒子，而我從小到大沒有家長提供經濟支援。我在出版業工作多年，雖然這對我後來當作家有所幫助，但不一定總是如此。

你可能需要把我寫的內容改進或更改一下，以便適合用在你目前的處境。我盡量試著去呈現出這番考量，同時也盡量讓各項步驟切實可行。這些習慣乍看很激進，但其實比想像中更容易做到。確實，我有一部分是想去撼動固定思考，不要只認為某些事才有可能做到。我也認為努力提升自我本身就具有改造的作用。在這脈絡下，我引用美國詩人艾茲拉·龐德（Ezra Pound）的〈詩篇81〉（Canto 81）作結：「然而，親手去做，不無所作為／這並非虛榮。」

習慣❶

抱持專注力，探求人生目標

唯有知道自己想要什麼，
才能得到什麼。

少有人知道自己這輩子想得到什麼，常是心懷各種不同目標，有些目標還相互牴觸，比如說，想要有很多休閒時間，同時又希望有優異的工作表現；有時目標拐彎抹角又不明確，像是把變有錢和獲得安全感混為一談，這兩項目標確實有部分重疊之處，但兩者並不相同。因戀人背叛而感到悲傷的人們，有時會不曉得自己想要的到底是和好還是報復，怨恨的刺痛感、失愛的灼熱感，以同等的分量同時存在著。

人生很兩極，我們的需求複雜，有時又自相矛盾。自相矛盾並沒有錯，也沒有什麼是需要「修正」的。在許多方面，跟矛盾共處的能力正是成熟與智慧的特徵。不過，要讓內心的想法化為現實，就必須知道自己確切想要什麼並專注投入其中，這論點看似矛盾，卻也合乎事實。人必須抱持著絕對的專注力與專一的目標，去探求自己想要的境況。人生不容半調子的作為，那麼，你想要什麼呢？不是今天想要什麼，不是此時此刻想要什麼，而是這輩子到底想要什麼。

這問題看似簡單，實則不然。之所以看似簡單，是因為人會因循固有的思維，回以慣性的答案。人會把腦海裡的老套說詞背誦出來，比如說：「金錢不是一切」、「你改變不了別人」、「你必須放下」。我並不是在質疑前述句子的真實性，但那些句子不屬於你，也不屬於我。它們是大家都適用的社交客套話，大家盲目地接受，如同以往曾經接受自己在階級、家庭或性別上扮演的角色。你不該就這樣比照辦理，應該要設法去驗證一切。在決定自己的人生該做什麼的時候，更是要親身去驗證。

只要你接下了自我驗證的責任，就能以更誠實、更熱忱、更公開的態度，去探問自己想要的究竟是什麼。而且這是**私下**的探問，你的問題並不會提交給同儕團體、治療師、另一半。當然也可以請教信任的親友，不過探問自己的人生想做什麼，終究還是一趟必須獨自踏上的旅程。

專注，達到超乎預期的成果

這不只是學術的習題或沉溺的自我探索而已。專注可帶來力量，這是自然法則。物質的密度越大（想想鑽石吧），增長就越是困難；物質的聚焦度越大（想想導入雷射裡的那些光子），穿透力就越強。人類的心理也是同樣道理。只要選擇了自己想要的事物，並以十足的誠實與意願去追隨內心的熱忱，就能以顯著的效率集中發揮心力，最終達到超乎預期的成果。武術家李小龍就專注力與專一性提出以下的知名評論：「我不怕一次練習踢一萬次的人，我怕的是練一種踢法踢一萬次的人。」

希爾稱之為「明確的目標」（Definite Chief Aim），他總是會把這個專有名詞的首字母大寫，而我也持續實踐他提出的方法。這類目標必須具體又精密聚焦，沒有籠統的空間。若想成為漫畫家、警探、創新的理家者、政治喜劇演員、軍官，或者這輩子可投入的若干職務（包括沒有職稱或沒領薪水的職業），那就要全面認知到這點。

我們關切的重點不是金錢，也不是付房租，而是要覺察到自己的目標並往目標邁進，最起碼此時此刻是這樣。真正的目標是可以達成的，既不是白日夢，也不是空想。若是真正的目標，你立刻就能以有益的方式開始往前邁進——就算是剛起步，步伐也不大。真誠的程度不是看某個目標能不能達成，而是看能否採取實際又務實的步驟，逐步達成目標，否則就是流於白日夢的空想。

有些讀者可能想知道我何以如此執著於人生的外部角色，尤其是事業與就業。其實，無論一個人多想把個人特質定義得很獨特又能取代工作、家庭地位或稱謂，肯定得**投入某件事情**。有個老師曾經跟我說過，某個週末，他正在靈修社團集會的建物裡賣力幹活，要把一段樓梯完工。他工作了一整個晚上，抽不開身，某位同事拿著毯子枕頭來到他身邊，用挖苦的語氣說：「你很認同樓梯，應該一起睡。」表達技巧好的話，這句話在各種靈性團體裡常用來表示斥責：「認同與依附是真實自我的虛幻替代品。」不過，他否定了對方的論斷，他對我說：「他說錯了，因為人得投入某件事情，這說法才通。」我認為他的說法是不可忽視的真理，而我對此的詮釋更為廣泛。

下次有人對你說，你太認同某樣東西，請仔細觀察對方陷入多強烈的依附狀態，因而無法認知或不承認有這種情況，這只會加深對事物的控制。在我看來，選擇明確的目標，其實是以更為透明正面的方式去聲明自己要獻身投入其中。明確的目標會在你的居處之地與你相會，自然又必然與人生之流息息相關。

在此建議，不要覺得有必要粉飾自身的目標，不要對「服務」虛偽讚頌，這個主題之後會更詳細探討。除非你本來就對服務抱持堅定的信念，否則你若嘗試從服務的角度來表達目標，等於是選擇性地採用正經的用語，把自己的目標包裝得有利**他人**，巧妙又間接地努力進行大規模的瞞騙。在這種時候，我們往往會以未經權衡又自我欺騙的方式使用「爾旨承行」*這句格言。我們不去探討聖經原則真正的含義，不去探究聖經原則是否與親身經歷的形上學一致。無論我們是當局者還是旁觀者，不道德行為的關鍵點在於不夠誠實。

不必美化目標，真實呈現自我

在我看來，只要你的行為卓越又互惠，那共同的環境自然會跟著改善。你不用對自己、對他人宣告，只要真心認為自己的目標是慈善，那就去探求吧。可是不要設法**合理化**目標，把這問題混為一談，要想清楚是為了誰合理化目標。做個優秀的學校教師就充分稱得上是服務了（而且薪資應該要更高才對）。從服務的角度來看，做個金融家聽起來也許沒有很浪漫，但自古以來，金融業都是人類生活的一部分。有些現存的早期文件

（例如死海古卷）就包含商業契約在內。在專業上——包含道德行為與法律責任——有卓越的表現，也等於是堅守住其中一個生活必要層面。如果你是行動派，基於充分的理由想顛覆傳統體制，同樣會表達出一股抗衡又不可或缺的力量。改革、修正、可能更新更好的生活方式，會從何處出現呢？災難也可能出現，所以要如履薄冰。

我真正想要說的是：「人探求的目標要能呈現出自己的真實樣貌，不是自己應該成為的樣貌。」也就是說，目標不該是自己想像中或習慣相信的樣子。目標應該要能表達本性，如貓在黑夜裡獵捕，如鳥乘著氣流飛行，如蜂採集花粉，目標是本我的一項作用。我之所以寫下這些文字也是基於這項原因。當然了，我的心願是自己的文字有人閱讀理解並獲得報酬，為此我採取了一些步驟。不過，嚴格來說，撰寫本書或發表演說不算是我心目中的依附，那是自我本來就有的一部分，就像到了晚上要睡覺一樣自然。要是有人不理解你的這個部分，就表示你置身於不對的群體、社群或關係。

＊編註：意指奉遵循上帝的旨意行事。

別問方法，直接行動

如果帶著十足的熱忱去感受自己的目標，就像大熱天想喝冷飲那般渴望，那麼勞心勞力去做也就不辛苦了。我們太常躲在做事「方法」的問題後面，這就像是表面聲稱自己想提供服務，但背後往往懷著難以察覺的不誠實。請注意，真正想要某樣東西，不會去問「方法」，而是會去規畫、策畫、制定策略、採取行動，不會站在門前才想著該怎麼轉動門把。

人們調情或試著吸引伴侶時，就會出現一些自然而然、心照不宣的情景，雙方會眼神接觸，替對方做些小事，找藉口走過彼此的辦公桌，彬彬有禮，試著開玩笑，找理由提出一些可以聊的問題，諸如此類。在未言明或被察覺的性魅力催化下，兩人輕鬆便能運用自身的頭腦與本能行動，不會漫不經心站在那裡問「方法」，他們本來就懂得方法。

我們面對緊急情況時，也有類似的行為表現。有學生問靈性大師克里希那穆提（Jiddu Krishnamurti），要採用什麼「方法」才能表現出他提議的自我決定或不墨守成規的行為，他回答，走在路上碰到眼鏡蛇，不會去問逃開的方法，心裡本來就清楚該如何行動。他跟一整室年輕的印度學生說，同理可證，想找出時間打板球的話，你不會去問方法，而是努力騰出時間來。你會偷偷翹課，騙過家長或老師，窮盡一切方式，把球棒握在手裡。真的想要的話，就會知道方法。

大家常問我，先前擔任出版界高階主管，養育兩個男孩，還找得出時間寫作，有什麼方法。我對他們說：「我就是騰出時間。」除了第一本書《美國超自然》（*Occult America*），我並沒有把陪伴孩子的時間挪作他用（甚至撰寫《美國超自然》期間也經常陪伴孩子），我在書桌前熬夜一整晚寫作，在吃午餐的時候寫作，電影或電視幾乎不看，也不喝酒，甚至帶著筆電去看演唱會，在表演者上場前寫作。我經常這樣做，到現在還是如此。

只要夠熱切想要某樣東西，又沒有任何內在分裂的感覺，就不會去問，而是直接付諸行動。

優秀與普通的分界線

付諸行動也表示要反覆不斷地從事必要的作業。李小龍之前提及的那種獻身精神——練習單一的動作數千次——並沒有言過其實。很多人對於熟知自身領域或科目一事竟然如此輕忽，我很訝異。廣告界傳奇人物大衛・奧格威（David Ogilvy）常說，廣告宣傳活動最重要的環節就是研究調查的強度。沒先沉浸於產品之中，要怎麼得知產品的出色之處？奧格威的同事羅斯・艾爾本（Russ Alben）之所以想出了知名的天美時（Timex）手錶廣告金句「Takes a licking and keeps on ticking」（痛打一頓，照走不誤），是因為他細讀顧客來函，發現有特別多人回函寫著，手錶被洗過、被輾過、從高樓墜落、掉進油漆攪拌器、被吸塵器吸進去，結果手錶還是沒有壞，繼續走。該款手錶的堅固耐用是出了名的，手錶內部有特別堅硬的合金打造的平衡機制。艾爾本運用這個知識，想出了令人印象深刻（又合乎實情）的廣告金句。

太多「創作人」以為簡練有力的作品是自己聰明的腦袋想出來的，實則不然，那是在工作中得來的。一九八九年到二〇一七年，我在書籍出版界工作，一開始是編輯助理，日後成為企鵝藍燈書屋（Penguin Random House）副總。在那段期間，我發現有很多的公關、行銷、文案從來沒讀過他們大力推銷的書，把讀書當成是枯燥的瑣事，當時的我非常訝異，至今還是如此。結果，書業製造出一大堆沒有個性又不獨特的行銷素材與新聞稿。多年前，有位年輕的公關拿了一篇新聞稿給我，是我出版的書籍，作者是多年好友通靈者保羅．賽利格（Paul Selig）。賽利格拿到耶魯大學（Yale University）的進階學位，編寫的劇作獲得獎項，在紐約大學（New York University）與高達德學院（Goddard College）擔任藝術碩士教師。就靈媒而言，這背景可不尋常，卻沒有寫在新聞稿裡頭。那篇新聞稿的內容平淡無奇又籠統，說著怎麼選擇另一半、找到適合的職業。我建議她去讀賽利格的書，好好研究賽利格的獨特之處，然而新聞稿仍是按原樣發出，結果重摔落地。不久之後，美國廣播公司（ABC）的《夜線》（*Nightline*）新聞節目積極介紹賽利格——電視台的新聞節目報導通靈者，堪稱極其罕見。製作單位是自己發現賽利格的。

我的某位新聞學教授曾經說過：「優秀記者與平庸記者之間的差別，往往就是差在一通電話。」再一次查核事實，再一次檢查數據，再一次審視文件，這樣的努力造就好品質。優秀與普通之間的分界線，是好奇心和努力。大家往往不想做額外的工作，而不想做額外的工作，就表示還沒找到真正的目標。若誠實面對自己，發現自己不想打電話、不想回電，或只想等著球過來，那就表示你並不適合身在其中。

我有過這樣的親身經驗，非常痛苦，卻也是必要的一課。我畢業後的第一份工作是在賓州東北部某家地方報紙擔任社會記者。某天晚上，我正在追蹤一則新聞，某位警察被控強暴。我碰到了「藍色的緘默」之牆，意指警方不去討論自己人犯下的罪行。那天晚上，地方新聞主編要我別報導該則消息，改去報導當地的愛爾蘭節慶。我抱怨歸抱怨，卻還是拖著腳步去了節慶現場。另一位記者搶了我的報導。隔天，我在編輯部抱怨這件事，有位記者同事不贊同我的看法，說我不是真正想要報導那則新聞。

我問：「什麼？你怎麼可以那樣說？」

她說：「聽著，我知道你很生氣，竟然被迫去報導愛爾蘭節，可是你應該要拒絕，應該要說不，那則警察報導你其實不夠想要，是你讓別人從你手中搶走的。」

她說的話是事實，我被說中了。我心裡很不爽，因為我很清楚她說得沒錯。那天晚上我就發誓，要麼重新努力投入新聞業，不然就離開。我才不要以平庸之才的表現待在自己的專業領域。我離開了，這是我人生中最重要的決定之一，而這個決定最終讓我重新發現自己有寫作的才能，但要著重在比較忠於我真實樣貌的那些主題上。

誠實面對心中渴望

找出使命不一定意味著你要攀上某個偉大的事業高峰，而是無論那使命會帶領你去往何處，都要誠實面對自己。我有個好友一直找不到人生的方向，後來他才發現，比起那種經常面對大眾或辛苦工作的事業，他其實比較想擁有更私人、更悠閒的人生。他的決定不僅對他有所助益，對他正值青春期的女兒也有不少幫助，這樣的決定是值得探究的。

我朋友以畢業生代表的身分從長島高中畢業，大學是修物理系，當時我們是室友。（其實我們認識的時間點更早，是在《惡棍與義警》〔*Villains and Vigilantes*〕角色扮演幻想遊戲測試版推出的時候，總之就是如此。）他大學畢業後進入常春藤盟校的物理學博士班，但短短幾個月就發現這輩子不想投入該領域。他離開學校，做過幾份零售工作，做了幾個月，金錢的匱乏讓他深感不安，於是決定要進入法學院並從事企業律師的工作，這樣就再也不用擔心錢的問題。他在法學院入學考試拿到優異成績（有位共同的友人說「他所向披靡」），考到紐約大學和普林斯頓大學的法學系，畢業後也成為他渴望的企業律師，但他再度感到困惑不已，這也不是他想要的。

他感興趣的是外交事務，尤其是國際貿易協定。於是他在政府的某個貿易委員會找到工作，負責貿易糾紛的談判與和解，這份工作必須搬到華盛頓特區，薪資遠不如企業律師，卻有著後者永遠沒辦法提供的優點——休閒時間。當企業律師的話，都是一律按小時計費，常常一週工作六十小時以上，很折磨人，可是要成為合夥人，那是唯一的途徑。我的朋友工作賣力，但他不喜歡那樣，薪水也配不上他的努力。不過，他對我如此坦承：「我發現自己真的很重視休閒時間。」這實在令人訝異又欽佩。

他喜歡科幻小說、角色扮演遊戲（沒錯，又提到了）、文藝復興慶典、電影，並在這方面誠實面對自己，渴望工作能容納他這一面的個性，而這樣也幫助了他所愛的人。

他離婚後，跟兩個正值青春期的女兒同住，之所以能順利撫養女兒，以家長的身分陪伴她們，正是因為他不繼續當耗費身心的企業律師。一項選得好的目標可以涵蓋很多不同的部分，我朋友的心願是保有空閒時間，拜這一點所賜，他在有必要時能當個稱職的單親爸爸。後來他再婚，女方熱情洋溢，跟他興趣相同。他整個人生凝聚在一起而帶來的匀稱感——甚至可以說是奇蹟——是來自於他誠實承認，自己想要的是一份能好好過生活的工作。因此我向來對他懷著深切的敬意。他之所以強大，是因為他體會到自身的目標主要是關乎他想過怎樣的生活。

寫著這段內容時，我清楚認知到一點，這位擁有出色能力、遭遇不尋常處境的友人有能力去運用那些不是大家都有的人生選擇。此外，還牽涉其他因素，例如地域、背景、某些機運等。很多人都想花更多時間陪伴孩子，卻沒辦法做到，光是健保的需求——這點之後會探討——就已經讓工作的家長扛著沉重的負擔。不過，我想表達的重點是，我朋友誠實面對自己想要什麼，因此得以過著有利自己、有利他人的生活方式，而當家中情形使得他身為家長的負擔加倍時，那種生活方式也使得他的壓力減輕不少，所以我才會認為一項誠摯的目標可以涵蓋許多需求。

把抽象想法化為實際行動

一旦你認知到自己的目標，我堅信你應該要把目標寫下來，不是寫在數位裝置上，而是用紙筆寫。目標要能濃縮成簡單的一句話，若是這句話看起來有難度，可能就表示目標不夠清晰。

沒有索引卡的話，得要做出來才行。應該要把目標做成可隨身攜帶的小卡，方便查看。（可以把透明封箱膠帶貼在卡片正反面做為保護膜。）此舉不僅有提醒作用，而且無論一開始的行動有多麼微不足道，製作實體的宣言卡片等於是把抽象想法化為實際行動。這類舉止並不老套，某些我所認識效率最高、令人欽佩的人（例如藝術家、運動員、小說家）都以書面方式宣告自己的目標，此舉會對心理產生微妙的影響。

在職涯初期，我學到了把事情寫下來有多麼重要，更藉此學到一課。很久以前，我當過政治書籍編輯，看起來跟日後從事另類靈學史學者與出版人的工作八竿子打不著。然而，在任何一條途徑上，有轉彎有曲折是很自然的。年輕的我擔任編輯期間出版了哈利・薩莫斯上校（Harry G. Summers）的書籍，其著作《論戰略》（*On Strategy*）闡述美國在越戰的敗因，公認是最優異的分析之作。薩莫斯認為美國陸軍有能力擊敗越共，沒有哪個反抗的情勢是克服不了的，而且其實美國部隊在戰場上通常都是占上風。

那麼，從軍事觀點來看，到底是哪裡出了錯？薩莫斯認為美國政治領袖從未設法營造越戰的「道德共識」。美國時任總統林登．詹森（Lyndon Johnson）從未要求國會發表正式開戰宣言，畢竟有許多的政策制定者視之為過時的形式。然而沒有正式宣言，加上沒有政治程序強調宣言的重要性，也導致大眾永遠不會真正支持該場戰事。政策制定者未經許可委任，無法授權強大的軍事行動，反而仰仗國防部長勞勃．麥納瑪拉（Robert McNamara）提出的荒唐（又不成熟）的「有限戰爭」*觀點，結果就是陷入泥沼，屍橫遍地，在道德層面上被質疑。

沒有委任，政策制定者形同被綁住手腳。年復一年，美國政治領袖授權陸軍採取得過且過的行事作風，不但導致美國本土輿論的支持度下滑，指揮官也跟著喪氣起來。正如薩莫斯的文字所述，當中缺少的要素——與勝利聖杯擦身而過——就是無法取得大

＊編注：意指僅投入有限的軍事資源於特定區域，最終目的並非徹底打敗或征服敵方。

眾的信任。未經大眾的許可，也沒獲得正式宣言的支持，這場仗根本就不該開打。薩莫斯寫道，國家沒有決心迅速取勝並恢復和平，就不該投入戰事。小布希（George W. Bush）總統及其新保守派的政策顧問圈——薩莫斯以嘲弄的語氣稱之為「神童」——在伊拉克戰爭時又讓美國碰到同樣的問題，正當性很籠統，公開的承諾也很有限。

不管是何種性質的努力，都應遵循一條關鍵的規定，我已略為提及，那就是必須「全力以赴」，選擇的目標必須要毫不保留貢獻心力，不然就根本不要做。決定好目標後，就要「破釜沉舟」，也就是說要專心致力全神投入，不留後路。唯有出現新的證據或意想不到的情勢，不得不予以因應，才能改變目標。不過就算是如此，也要先深思熟慮一番，再改變目標。

如〈選擇對的戰友，提高生產力〉一章所說，你會感覺失敗，有時是因為你跟不合適的人合作，這是可以解決的。有時則是像〈與困境相伴，才能真正成長〉一章所述，失敗本身就能帶來重要的修正。無論如何，只要宣告了目標，就切勿低估堅持下去能帶來的尊嚴與力量，這類特質最可以減輕個人的挫敗感，而後改進。

專注營造個人的獨特價值

社會共謀起來，搶走你的目標和專注力。不斷有吸引你的東西誘惑你消費花錢。社群媒體奠基於爭吵及令人分心的事物。同儕通常會叫你放輕鬆、圓融些，不要那麼努力工作。然而，卓越不是放輕鬆就能做到的一件事。你也沒有義務精通媒體上流行的事情，除非那件事情有利實現目標。我認為大家口頭上說的圓融或隨和，通常代表心力和專注力都很散漫。某位朋友如此形容：「死了就不會餓了。」你觀看或聆聽本書時使用的裝置，才不是某個隨和的人設計的。

你在磨練目標的時候，可能會發現朋友和同事老是邀你去看電影、體育活動，或參與討論他們有興趣但你沒興趣的新聞。尊重你的人際關係，同時也尊重你的本能吧。我們能夠吸收記住的資訊並不多。在報章媒體中能吸引你的那些事物（〈選擇對的戰友，提高生產力〉一章會探討）跟在公司裡差不多，往往都跟拓展你的權力感有關。別人對於你應該接收的資訊有一定的想法，而要是被對方的想法束縛，就無法拓展你的權力感。一九八六年，活躍又別具一格的智者與術士安東・拉維（Anton LaVey）發表〈不要回收你的腦袋〉（Don't Recycle Your Brain），他在文中寫道：

我不願追隨潮流或流行的看法，原因與其說是有價值的舊資訊往往會被取代，不如說是我會因此顯得「平庸」。我那特別（又讓我保持獨特）的知識庫會被稀釋成某種到處都有的知識收納盒，比起成為別人的榜樣，更適合成為群眾的共同分母。我掌握的資料無法讓我在社會上脫穎而出，我能討論別人都在討論的電影、戲劇、歌手、電視節目、明星、目前發生的事件、體育活動等，不過這樣一來，儘管我的長相跟別人不同，但一開口，就跟別人聽起來沒什麼兩樣。

拉維提出的原則如下：所有的新資料都應該要能「擴增」你已擁有的重要想法、概念、技巧。這並不表示你不應該去經歷全新事物，就算這樣的突破可以讓你從全新的觀點去衡量內心的想法與思維形式。重點是不要來了什麼就注意什麼，不要同儕一有活動就參加。比如說，別人傳給我的影片，我幾乎從來沒有看過，因為看影片很花時間，難以掌控時間。我選擇小說或媒體的時候，就算是做為消遣之用，內容也往往是能增強我的目標、風格、個人特質，並讓我能夠營造出自己的「整體環境」——拉維提出的另一個概念，會在下一章探討——的努力成果獲得提升。

有位朋友曾逗我說：「米奇不在乎藝術作品好不好，只要合乎他的Weltanschauung就行了。」（Weltanschauung是不太體面的德國名詞，意思是世界觀）。對此，我認罪。某些書籍或電影不太寫實，但只要裡頭有我喜歡的想法，就能引起我的共鳴，例如二〇一一年黑色喜劇電影《膽小鬼》（*Wuss*），描繪被霸凌的高中教師做出了道德灰色地帶（又致命）的選擇。我接納的範疇其實十分廣泛，但往往都能加強我正奉行的概念。否則的話，我就會失去專注力，應接不暇。

在寫這本書的時候，社群媒體上有幾個人問我怎麼能寫出這麼多內容，還有一位甚至質問我是不是用了代筆，我回答「NEVER」（從來沒有），我個人的原則是寫英文字不會全用大寫，但那次是少數的例外。我的文字產量高，其中一項因素就是剛才說過的原則：千萬不要把時間（甚至是休閒時間）耗費在無關痛癢的小事上，應該要去關注並累積那些對你而言很重要的論點、想法、見解。這樣一來，看似不同主題之間的原料與結締組織就會比你想像的還要多。

別被恐懼操控

很多人認為拖延是最大的阻礙，在某種程度上，「拖延」一詞算是委婉的用語。拖延和恐懼是一樣的。

要對付拖延，最好的方法就是先認知到拖延就是恐懼。跨出這一步後，與其探問害怕的**原因**（若去探問，可能會無止盡自我反省，反而引發另一種拖延），不如投入在眼前的工作上。做不到的話，就必須問自己，我正在探求的事物是我真正**想要**的嗎？為了平息內心的恐懼，我願不願意犧牲成就、關係或報酬（總之就是有可能承受風險的事物）？

由此可見，務必要選擇自己有熱忱去做又明確的目標。沮喪、失敗、對失敗的恐懼、挫折感，好比大自然的循環週期，終究會到來，而在有這些感受的期間，你的目標具備的情緒強度會推著你往前邁進。

我們無法光憑言語就幫自己擺脫恐懼，必須讓思維與情緒一較高下。不過，情緒比思維更為強大，這好比讓蒸氣動力與核動力一決雌雄，後者每一次都獲勝。不過，倒是可以讓情緒與情緒一決勝負。你對目標懷抱的熱忱可以勝過你對失敗的恐懼，只要好好選擇就行了。C．S．路易士（C.S. Lewis）在《返璞歸真——純粹的基督教》（*Mere Christianity*）一書中寫道：「一切端賴於真正的渴望。」

個人的卓越也有利克服恐懼。演員尤爾．瓦斯克斯（Yul Vazquez）可以做為益友，你應該看過他在螢幕上的演出，他曾經演出二〇二〇年HBO迷你影集《局外人》（*The Outsider*）。尤爾指出，每次的試鏡結果都是成敗各半，表演者不一定適合角色。不過，有一點極為重要，這點也能幫助藝術家自立，那就是要正確認知自身的能力。尤爾是這麼說的：

一個人擅不擅長本行，不是靠別人判斷。人遲早——對藝人來說，時間點不會早而是晚——會明白自己很擅長本行。雖然不見得適合做某個部分，但是擅不擅長的判決已經拍板定案。

你努力獲得的個人卓越感會保護你，只要能到達那個階段，無論工作是何性質，都會大有助益，有利克服恐懼帶來的削弱作用。

一九三七年，拿破崙．希爾寫下恐懼的強大破壞力，在人們實際上有可能碰見的事物當中，當屬恐懼本身最有損生活品質。希爾寫道：「請下定決心停止事事操心的習慣吧，人生中任何事都不值得擔心。」記住他所說的話，這些話傳達出充實人生的一大關鍵原則：若是屈服於恐懼，等於宣稱恐懼是你奉行的最高價值。

習慣❷

內外合一，活出獨特自我

不要勉強自己接受別人的世界。

沒有什麼比一致性更會降低可能性，這並不是在說我們當中有人能免於受到同儕壓力影響，不過，我們太容易屈服，也想得太少，不僅在外表上是如此，在運輸工具、教育、解決問題、家庭結構、性、媒體、政治甚至生死議題方面更是如此。在看似受限的情勢下，我們忽視或帶有偏見地否決了自己享有很大程度的自由可以付諸行動。

就自我感而言，人很容易低估服裝、飾品、身體藝術、步態、語氣、風格、姓名產生的力量。這些東西會全面左右自身經驗的性質和自己對別人產生的影響。我很清楚，人會去改名，是要讓自己與渴望成為的人相稱，而我樂見這種做法。不過，完全獨立又自行選擇地保有出生姓名，當中的力量也同樣強大。從某方面來看，披頭四（The Beatles）的樂團名稱聽起來很傻氣，但有哪個名稱比它更能喚起六〇年代的活力與創意？他們把自造的詞語重新打造成神奇的詞語。

我曾經希望當初要是改名就好了，因為米奇・霍羅威茨聽起來很像牙齒矯正醫生的名字。不過，就好比披頭四，我體會到名稱會隨著人聯想到的事物而有著完全不同的意義。以下列出一些名字，聽起來也許不太浪漫，卻能喚起極好的文化意義：馬文・蓋伊（Marvin Gaye，靈魂歌手）；艾倫・金斯堡（Allen Ginsberg，詩人）；諾曼・梅勒

（Norman Mailer，作家）；娜歐蜜．坎貝爾（Naomi Campbell，名模）；莫羅．伯拉尼克（Manolo Blahnik，鞋履設計師）。雷夫．利夫席茲（Ralph Lifshitz）要是少了姓氏羅倫（Lauren）可能就永遠無法成為美國的頂尖設計師，相較之下，你能夠改變自己姓名聯想的機率是很高的。

如果所處的事業時間點再也不適合改名，也別煩心，發誓讓自己的姓名變成強大的詞彙吧。關於這點，若是事業經營已久，建議不要更改你的姓名或署名。太晚才改名就顯得反覆無常。要叛逆一定要在十七歲叛逆，不然就根本別叛逆。

自我接納，不討好任何人

還有一件事跟改名的脈絡一樣，我也贊同整形手術，只要是**深思熟慮後做出的個人選擇**就好。重點不在於堅持以青春或完美這類不斷變動的目標去動手術，而是為了提升個人的舒適感與自在感。光是做到這樣，不去討好另一個人，就是整形手術的重點所在。如此便十足具有個人特色。在外表或自我接納方面，沒有一體適用的心理學解方可以處理，而暗示有那樣的辦法，也有辱個人的自決力。關鍵在於哪些事能讓你擁有自我感，就去做那些事。

自我接納有好幾種形式。我見過光頭的時裝模特兒出現在《時裝男士》（*L'officiel Hommes*），連封面都上了，他們看來十分出色。你**擁有**的長相或特徵正是你散發吸引力的地方，不是別的。一方面，你不應該在壓力下動整形手術；另一方面，如果整形是你的選擇，那就不要迷失在哈姆雷特似的歇斯底里狀態，想著自己是不是屈從「社會標準」。各個社會——從古埃及人到西伯利亞原住民——都深受美的標準所影響。古希臘人崇尚輪廓分明的男體；馬雅人——基於現代人難以理解的理由——很看重鬥雞眼。不管是什麼社群，美的文化標準都是生活的其中一種面向，你可以遵從標準，可以抗拒標準，更可以創造新標準。關鍵在於不論如何，你能擁有自我感就好，這是永遠不用道歉的。

我認為按照自身喜好來打扮自己十分重要。我穿T恤、皮靴、夾克，有很多刺青。某晚，我去布魯克林參加接吻樂團（KISS）演唱會，還塗了指甲油。我從來沒有停止做自己，這讓我感到快樂又自在。不要低估其中涵蓋的力量。人生不是「內在」加「外在」，人生是整體的。等你明白舉止與外表變化所代表的意思，就能確認這點了。當然了，這種說法並不總是正確，但往往足以視為通則。

內外合一，坦然做自己

做為人生的編劇，無論每個人的目標是什麼，我都希望你能看看底下的例子。行銷主管珍・伊凡斯（Jane Evans）在 Refinery29 網站說了個精采的故事，她為了扭轉事業的無力狀態並對抗年齡歧視，決定讓頭髮恢復自然的白色，還削成銳利的龐克風超短髮（punk pixie-cut）：

我二十歲就投入廣告事業，二十五歲接受獵人頭公司的招聘，前往澳洲，跟露華濃

（Revlon）、瑪莎拉蒂（Maserati）各大品牌合作。二〇一三年，（五十歲的）我得知廣告業需要更多女性領導階層，決定回到英國應徵工作，卻不斷遭受忽視。我記得人們當著我的面說出好多歧視老人的話。有一次，我努力爭取某份工作，雇主卻對我說：「我可以給你一份工作，但你最後還是會變成坐在部門後面位置的老小姐，做著沒人想做的鳥事。」

接下來三年，我覺得自己越來越像是隱形人，為了保住棲身之處，我開始跟規模很小的客戶合作。接著，某晚喝酒應酬時，竟然被客戶言語霸凌，對方滔滔不絕說著歧視女性與年長者的長篇大論。我感覺那些最深沉、最黑暗的父權想法都從他的口中吐了出來。那次被長篇大論抨擊以後，案子的主要部分也被拿走以後，我發現女性的每日薪資都低了一百英鎊，於是衝動之下就離開了，逃去巴黎。

我坐在市中心的咖啡館外，觀察形形色色的人們，此時突然浮現一個想法，我要整頓形象，把深色長髮給剪了。我看見那些路過的女人全都有自己的個人風格，全都坦然面對自己的年齡，展現自己天生的髮色。沒有一個女人努力讓自己年輕點，做自己就看起來很酷了。一回到倫敦，靈光頓時閃現。我走進髮廊，對髮型設計師說：「我不要再當老小姐了，我要當老龐克！」我叫她把我的一頭長髮都給剪了，還我自然髮色，也就是白色。

在這個年紀，只有一次機會可以徹底改造自己，因為髮色會變、皮膚會變、身材會變。此時更是思考的絕佳時機，我是誰？我看起來像什麼？我做了什麼？頭髮剪短後，頓時覺得輕鬆不少，尤其是事業方面。說來有意思，我再也不會被性別物化。我留長髮的時候（這點我其實沒有任何證據可以證明），覺得自己會因為努力看起來年輕點而被占便宜，而這件事似乎助長了我面臨的年齡歧視。那天晚上，那位客戶嚇到我了，我也辭職了，但是那件事更點醒我，自己並不是唯一面臨這種情況的女性。那件事讓我直接面對年齡歧視，實在難以置信。我跨過了更年期，沒人說過那會帶來多大的影響與力量，還有了全新的外表，而且不只是外貌改變而已。

伊凡斯做出這番論證是五十六歲的時候，而她的相片也足以為證，她散發著自信與強悍的感覺。

呈現個人特色與風采

某位朋友說過：「你應該要能被做成公仔，而且大家一眼就認得出來。」話裡的意思並不是要你以表演的風格來展現自己，而是要擁有具特色的外表、日常的制服，或與眾不同的**某樣東西**。服裝十分重要，例如，軍事化的制服會讓人尊敬，想想自己是以何種態度對待警察、軍人、消防員。我認識的某位小說家曾數次前往醫院探朋友的病，總是打扮得很休閒。有一次他實驗看看，穿了西裝去探病，沒穿平常穿的外出服。醫院員工對他的態度尊敬許多，這件事他永遠忘不了。

在近來的歷史，無論是政治人物、劇作家、藝術家還是運動人士，幾乎每位名人都具備了大家一眼就認得出來的某種體型特徵或姿態。美國政治家富蘭克林・羅斯福（Franklin Roosevelt）的特色是長菸嘴；英國作家奧斯卡・王爾德（Oscar Wilde）的特色是披風；英國評論家喬治・威爾（George Will）的特色是領結；貓王艾維斯（Elvis）的特色是龐畢度髮型和冷笑；美國作家法蘭・勒波維茲（Fran Lebowitz）的特色是「我現在可以回家了嗎？」的簡潔措辭。一九七〇年代初期，接吻樂團團員在打造自身形象時就發了誓，在大眾面前現身一定要化妝，而在某種程度上，這種說法確實符合前述所有名人的情況。

二〇二〇年初，《紐約時報》評論了模特兒與時尚設計師奧莉薇亞・巴勒莫（Olivia Palermo），我覺得有必要細看文中的隨手觀察：

你永遠不會看到她星期天在家裡穿運動服、把油頭綁成馬尾。攝影機沒在拍的時候，她應該也不會這樣做。巴勒莫女士在她的教練崔西・安德森（Tracy Anderson）的網站問答集寫道：「星期天不是打扮邋遢的藉口。」

我知道這句話在有工作的家長耳裡是多麼荒唐又不切實際。不過，還是想一下吧。巴勒莫並不是叫人非得去探求某個不可能達到的魅力標準。（當然了，她從事的那行是用魅力來換取夢想，這也不是什麼新鮮事，看看古代神話故事裡的偉大戰士與公主就知道了。）巴勒莫的意思是說你應該把自我感、樣貌、沉著的態度時時展現出來，並不是要你私下每一刻都盛裝打扮。即使身處公共場合或要把孩子拉到別處，還是可以看起來俐落又得體，這樣不僅能提升自我感，也不會被家長、員工、照顧者等單一角色吞沒，有助你保有自我。如果你是藝術家、表演者或有意培養形象的人，務必記得始終展現那樣的形象。我說的不是虛榮的方式。請記住一點：我們關心的是如何破除內在與外在的假象，兩者是同一件事。你的樣貌是內外合一的整體。不管是何種形式的自我表現，都必須要有紀律，所謂的外在也是如此。時尚圈的人都很通曉人性，不要翻白眼，覺得別人身上沒什麼好學的。

某天，我看到自己上電視，穿著當時常穿的西裝外套。我心想：「看起來不像我。」我通常都穿T恤，所以我決定在電視上也開始這樣穿。紀錄片製作團隊通常會在拍攝前寄出服裝指示，男性要穿「商務休閒服裝」，避免穿黑色，有時要穿得像是去參加工作面試。我決定不理會這些方針（甚至避開了「我不理會方針」的尷尬談話）。

我只做出一個讓步，對方要我遮住品牌名稱，我就把T恤反穿。我這樣穿，輕鬆多了。有人提醒我，穿T恤又有刺青的話，很多機會大門就會關上。結果恰恰相反。我不是那種到處都有的電視節目受訪者，我是獨特的個體。這種想法不是自然而然浮現，也不是一夜之間冒出。我渴望討好權威者，遏制自我感已有多年。然而，去討好別人，就容易忘掉自己。

找到自己的獨特之處

我不是在建議你刻意穿成某種樣子，沿用自己不具備的特徵肯定會落得像傻瓜一樣。例如，我不懂得揶揄，要是嘗試去揶揄人，肯定感覺一點都不踏實又虛偽。酷的意思是有自信，不會去求取別人的讚美。穿別人的鞋子是散發不出魅力的。我認識某個嚴肅認真的人說了自以為聰明人會講的俏皮話，結果卻毀了事業和聲譽。大家都討厭他，讓他變得不安又有敵意。

同時，我並不是要人「表現自然」，這是毫無作用的一句話。社會、媒體、同儕、家庭把諸多成見放在我們的肩上，有可能要花一輩子的時間才能再度找回三、四歲時拋下的自己。由此可見，我們不一定懂得怎麼表現自然。不過，只要給自己時間，開始採取有利落實小心願的行動（例如，對靴子的喜愛超乎運動鞋），那麼就能漸漸推敲出你天生的癖性為何。

出色的靈性大師與社會評論者歐拉治（A.R. Orage）常要大家仔細記下自己的喜好，例如食物、泡澡和打扮的習慣、想要的睡覺與起床時間、開口說話或保持沉默等基本的事情。歐拉治說，人不一定能按自己的喜好行事，但最起碼應該要知道自己的喜好是什麼。

少數人有幸具備行雲流水的姿態和天生的美，不管何種情況都十分自在又有魅力。不過，我也很訝異，巴黎、紐約、洛杉磯等城市竟然有這麼多人雖不具備這些天生的才賦，但對美仍有一定的敏感度，藉此散發自身的魅力。他們具備明顯的個人風格，不是故作姿態，而是表現出自己想成為的樣貌。我凝視過那些自我感較低、看來平凡的人們的臉孔與外型，他們有能力把自己打造成真實的樣貌，因此變得很有魅力。真實的風格不會令人困惑，反而能展現自我。

本書獻給的對象說過：「每一樣東西都有故事可說。」你想怎麼說自己的故事？

行銷自己前，先思考

在訴說自身故事的脈絡下，必須認知到一點，幾乎每個人或多或少都是在行銷自己或自身觀點。有鑑於這件事實，在此建議你去了解愛德華．伯內斯（Edward Bernays）的著作。我對他的感受雖是五味雜陳，卻也不由得心生敬重。伯內斯是佛洛伊德（Sigmund Freud）的外甥，曾以「公關之父」聞名的高傲人物，善於操控媒體與個人故事。雖然他離世已將近二十五年，但他還是持續影響著現代生活的諸多層面。

在一九二三年出版的《輿論之形成》（*Crystalizing Public Opinion*），伯內斯針對輿論與觀感的可塑性提出了令人不自在的真相。名氣與影響力不過就是觀感嗎？這番見解伯內斯在事業初期已有所領悟。伯內斯在努力影響觀感的同時，認識到破壞的力量。這位公關大師在離世五年前對歷史學家史都華．艾文（Stuart Ewen）表示：「優秀的公關人會建議客戶……採取公開的行動……以某種方式打斷生活的連續性來引起迴響。」

這可以理解成製造新聞事件，例如：資助及公布某項調查研究；美國總統候選人唐納．川普（Donald Trump）在紐約市的川普大樓，搭著電扶梯往下，譴責無證移民；一個世代前，青年國際黨成員與運動人士為了抗議越戰，誓言讓五角大廈浮在空中；知名搖滾樂團「何許人合唱團」（The Who）在舞台上砸碎樂器，透過前龐克的方式展現青少年的憤怒。

我小時候有個都市傳奇很快傳了開來，說搖滾樂團「性手槍」（Sex Pistols）在自由女神上面撒尿，這件事從來沒有發生過，但光是謠言本身就已經達成目的，打造出該團體放蕩不羈的形象。性手槍在一九七八年短暫的美國巡迴演唱會期間，經紀人馬康・麥拉林（Malcolm McLaren）主要預訂的場地都位於「聖經帶」（Bible Belt，保守的基督教福音派地區）。為什麼？那些地區在美國社會算是比較保守的，性手槍肯定能引起那些人的憤怒並從中獲取利潤。

伯內斯說，煽動者與大眾陷入相互依存的關係，政治人物、有影響力的人士或訊息製造者不得不去滿足追隨者真實感受到的需求。（這也暗示著對立的雙方互有關聯的程度，兩者依靠彼此存活。）伯內斯在《輿論之形成》一書中寫道：「輿論是兩股力量互動後的產物。」這兩股力量分別是塑造意見者和有需求的大眾。你必須滿足感受與情緒上的需求，例如探求美、擊敗敵人、增進健康等。這類需求是列也列不完的，但必須是發自內心的強烈感受。

讀懂群眾心理

伯內斯在解析大眾情緒時，堅決認為藝術家、政策制定者、有影響力的人士、時尚設計師、廣告設計師都必須謹記一點，大眾是由「通才」組成，大眾仰賴的是那些可輕鬆取得又值得信賴的消息來源。值得信賴的消息來源能夠看懂大眾的情緒，也曉得大眾會對哪些耀眼的資歷產生共鳴。伯內斯認為大眾通常是相互對立或反對彼此。在如此對立的氣氛下，該怎麼改變人們的想法？伯內斯寫道：「人身攻擊或試圖瓦解信念，這類方式成效不彰。」有影響力的人士「檢驗了那些既定信念的來源後，必須瓦解舊權威或打造新權威」，方法是引導「輿論反對舊信念或贊同新信念」。

福斯新聞（Fox News）的操控者羅傑·艾爾斯（Roger Ailes）精通「瓦解舊權威」

的方法，他的洞察力使得福斯新聞「公正平衡」的口號就此誕生，用以回應大眾在媒體上察覺到的自由派偏見。然而，必須留意一點，不是光發明一句口號就能以嶄新、新興的權威身分開始運作。伯內斯注意到大眾情緒、輿論、觀點十分重要，必須加以調查或本能地察覺到。

伯內斯還進一步領悟到一點，人的動機是利己。很少人會認知到這點，但這點卻影響到我們在政治上、文化上、消費上所做的大部分選擇。

艾爾斯也很清楚，數以百萬計的美國人認為自身的個人經驗並沒有充分反映在「主流」媒體上。然而，無論一個人是基於哪些方面而想去贊同或駁斥該觀點，艾爾斯的見解經證明都正確無誤，由此可見，艾爾斯的做法實現了伯內斯提出的相互依存關係。

在此冒昧說一句，人們提出的政治見解多半都是奠基於自己有安全感的事物，擁槍與槍械管制的爭論就是個能初步證實此論點的例子，但這類觀點並非固定不變。伯內斯寫道：「自保的本能是人類最基本的一大本能，也是最有彈性的本能。」論及安全時，全新的或未見過的事實十分重要——前提是人們可以接觸到那些事實。

此外，對於自己的立場、意見或選票在別人眼中的樣子，大家是很在乎的。伯內斯寫道：「人順應主流的時候最自在。」在他看來，更重要的一點如下：「沒有一個想法或意見是單獨存在的要素，都會受到周遭慣例、權威、習慣、其他所有人類動機的影響。」換句話說，人會根據來往對象來判斷動機。因此，對於選擇模特兒和名人當發言人一事，善待動物組織（PETA）和其他動物權益團體向來十分謹慎。這有時稱為「關鍵人」策略，這個術語是二十世紀初福音傳道者法蘭克・卜克曼（Frank Buchman）發明的，也就是說，你想用的發言人或發起人要能顯露出成功的樣子，也要是別人會想來往的對象。

伯內斯還寫道，群眾喜愛競爭。這種群眾／競爭的互動交流促使 Twitter 出現大量冷嘲熱諷的政治口角。競爭感利用的是伯內斯的「畜群觀點」，導致大眾閱聽人、大眾產品、大眾媒體活動的出現。

此外，個人——不管是好是壞（通常是壞）——最會留意到的聲音，是個人心目中屬於同一個「水牛群」的聲音。

渴望背後的真實動機

肯伊．威斯特（Kanye West）讀過伯內斯的作品，尤其是伯內斯一九二八年出版的著作《宣傳學》（*Propaganda*）。

我從某個職位高的同事那裡得知一件事，他說威斯特回絕多件合作案，後來把自己的服飾系列賣給愛迪達（adidas），背後的理由並不是基於舒適感或多樣性，而是因為愛迪達品牌具有獨特和時髦的形象。伯內斯在《宣傳學》一書中寫道：「一樣東西被人渴望，也許不是因為那樣東西原有的價值或實用性，而是因為他（消費者）不自覺地把那樣東西看成是其他事物的象徵，是他羞於對自己承認的一種渴望。」換句話說，我們買的是形象或聲譽。

審視伯內斯提出的原則後，我碰到一個問題：「伯內斯的思維有沒有任何合乎道德的應用？」在我看來，伯內斯學說的應用最起碼在道德上是中立的。至於時尚設計師、嘻哈藝術家、電影導演或金屬樂團創造的混亂場景，我沒什麼好論證的。也可以說，伯內斯學說的應用合不合乎道德，純粹要看揮舞手術刀的人是誰。

商標口號、衣物或格言本身並不是什麼壞事，試想，歐巴馬（Barack Obama）的「我們做得到」（Yes We Can），小羅斯福（Franklin D. Roosevelt）的「幸福之日再度到來」（Happy Days Are Here Again），喬治．麥高文（George McGovern）的「美國，回家吧」（Come Home, America），英國工黨的「現在，贏得和平吧」（And Now—Win the Peace）。

在很大程度上，伯內斯的見解若要合乎道德的應用，最後就要看人**不願意**利用什麼。憤怒、敵意、無休止的競爭、公眾的分裂會嚴重損害到我們的文化，我個人不會利用這些手段來賣產品、賣自己。另一位操控者——在此冒昧說一句，這位比伯內斯還要更有原則——提出以下的觀察：「我認為有意引發的分裂永遠不會帶來好處。」那是尼古洛．馬基維利（Niccolò Machiavelli）在一五三二年出版的《君王論》（*The Prince*）提出的論點。

如果必須要仰賴憤怒才能賣出某樣東西，那我可不想分一杯羹。然而，如果身為作者的我可以運用伯內斯的想法，讚頌靈性探索在廣義上的價值，把這個中心思想傳達給一定的受眾，那我會認為這種玩法還算公平。在我看來，每一位溝通師採取的方法都大同小異。

別勉強接受自以為需要的事物

我們太快勉強自己接受傳統的選擇，例如，擁有一輛汽車。或者說，擁有一張床。床可以說是傳統的縮影——至少對不想要的人來說是這樣。我個人是把兩張薄床墊鋪在地板上，若我想要的話，還可以捲起來收好。我不希望整個房間都被床給占用。外地朋友來我家作客，我會攤開泰式薄床墊給朋友睡。你不一定會想待在我家，但那樣不花錢、省空間又舒適，只是有點斯巴達式的刻苦。

現在，依據你住在哪裡，就業、購物時很可能必須用車。新思潮的出色智者大衛・史潘格勒（David Spangler）用車子所有權來闡述一項重點，這點本身值得探討一番。史潘格勒在其著作《每日的奇蹟》（*Everyday Miracles*）表示，合作對象若是希望自己的人生能顯化（我會用「選擇」一詞）*某樣東西，那有一點往往會變得很明顯，那就是他們尋求的「不是目標而是境況」。史潘格勒表示，無論把什麼帶到自己的人生，都會產生全面的影響。「你在顯化的時候，是在顯化新的身分、新的自己。」史潘格勒稱之為「共同具體化」（co-incarnational）或「蓋亞顯化」（Gaian Manifestation）。

在這脈絡下，史潘格勒描述了自己跟某位朋友合作的經驗，對方設法顯化的東西是車子。史潘格勒在《顯化法則》（*The Laws of Manifestation*）一書中寫道：「不過，實際上，我不只是在顯化車子：

我跟以下領域的關係也隨之顯化：石油業，負責供應我將使用的燃料；負責核發駕照的政府，把保險賣給我的保險公司；交通運輸的基礎建設，例如道路、為維護基礎建設而課徵的稅金等；幫我保養車子的服務業，例如技師、汽車修理廠、輪胎公司等。我還需要找個地方停放車子。

史潘格勒跟友人一起合作，兩人共同理解到這些關係的連結——無論是否令人滿意——是維繫顯化技巧的要素。那位友人在引領下進行靜觀，然後對史潘格勒說：

＊我已在《奇蹟俱樂部》解釋過理由。

「我其實不想要車子。我不支持石油業，不喜歡鄉下鋪設道路與停車場，不想把自己的錢送給保險公司，所以我不能顯化車子，不想要顯化那些跟車子有關的一切。」接著，在我的幫助下，他認清自己真正想要顯化的是交通工具，而交通工具有不同的種類，哪一種最適合他？他說：「腳踏車，我真正想要顯化的是腳踏車。」隔天，他接到朋友來電，說要搬離市區。他的朋友說：「我的腳踏車帶不走，你想不想要？」不到二十四小時，他真正想要顯化的東西就實現了，他擁有了他需要的交通工具。

這段文字的重點其實不是車子，而是彈性思考。我很喜歡史潘格勒提出的例子，於是運用了原則及其目標。不管是車子還是別的東西，我們太快勉強自己去接受自以為需要的東西，忽略了自己想要過的生活方式，也就是說，忽略了自己想在周遭打造出何種環境。我幾乎都是騎腳踏車在紐約市到處逛。如果你見到我，我很可能隨身攜帶腳踏車安全帽（那救過我的命，沒安全帽我就不騎腳踏車）和夜間騎車用的腳踏車燈，這些都放在背包裡。對我而言，在都會區騎腳踏車去哪都行；騎腳踏車比較健康（只是不一定更安全，所以我有裝備）；速度快；價格便宜；我享受騎腳踏車的生活方式。我小時候常搭校車，我討厭校車，那裡的情景猶如上演著野蠻粗暴的《蒼蠅王》（*Lord of the Flies*）。如果非得重來一次，我去哪裡都會騎腳踏車，雨雪無阻，衣服乾爽。如今，騎腳踏車帶給我獨立的感覺。

思考高等教育的必要性

在教育上，此時正是不斷變動的時期，尤以學生債務危機為甚，我會仔細考量自己或子女的教育費用和時間要用在哪裡。一些最令人嚮往、最成功的人士並沒有上大學，他們直接進入職場，例如槍械製造、時尚設計、科技、電影執導等。各行各業都是很好的職業，像是管道維修、承包、景觀美化、髮型設計等。我常會跟兩個兒子說：「你們可以當個很愛歌劇的電工，難道不行嗎？」我上過的大學課程當中，唯一有價值的就是數學課和幾堂作文課與新聞課。（我從小有個愚蠢的觀念，以為自己「數學不好」。大學的時候，我的數學從不擅長的程度提升到 A^+，因為我有室友的幫助，對方其實很懂怎麼教數學。）也許唯有那些課堂才算得上是我心目中的長遠教育。除此以外，我的寫作技巧是在製作學報時學到的，我在那裡投入了很多時間。

在此鼓勵家長和子女對高等教育採取彈性的思考。教育費高昂，收益也不可靠——除非將來要進入某些專業領域、科學界或獲得某種證照，像是物理治療師就需要。（在這脈絡下，我認為社區學院是極佳的選擇。）平心而論，我是英文系出身，所以也許是事後之論。不過，我的確認為要實現更大的教育效果，就要閱讀古典作品（工作後就很少能騰出時間閱讀）並磨練寫作技巧，而不是投入解構理論。如果說這種話聽起來像是本能反應，那是因為我見過一波又一波的年輕畢業生帶著漂亮的人文學位湧進出版界，他們往往意見無止盡，工作習慣成效不彰。我認為紀律與嚴苛是試驗與成長的根基所在。但若把試驗視為目的，最後就會奉試驗為圭臬，並當作是缺乏訓練的藉口。

在出版職涯中，我曾經一度想要修商業課，或報名進修教育課程，取得MBA學位。幸好教育者與作者隆納德．葛羅斯（Ronald Gross）——「終生學習」（lifelong learning）一詞得以普及是拜他所賜——把我給勸退了。隆納德說服了我，說我工作時可以學到一樣多，只要留意工作上的財務細節並和業務經理合作就行了，這種方法經證明具有教育作用也可促進事業進展，還能省下大筆金錢。隆納德提出的每一點都正確無誤。

有靈感或想法浮現，立刻行動

我在事業中獲得的一大樂趣就是跟電影導演大衛．林區（David Lynch）在其著作《大衛．林區談創意》（*Catching the Big Fish*）共同合作，他在書中談及藝術、靈感、超覺靜坐（Transcendental Meditation）。他提出的一大重點就是必須讓自己置身於工作坊的環境，有時間沉浸於工作之中。一有靈感或想法浮現，就必須付諸行動，不然就會消退。由此可見，畫家、漫畫家、音樂家必須把工具放在隨手可得的地方，也必須要有時間付諸行動。我十分清楚，對很多人而言，要置身於那種環境，就算是做得到，也是困難重重。很多人有孩子，或有工作上的行程或家庭上的安排，打造不出那種環境，不一定做得到。然而，那是該努力邁進的理想目標。

身為作家，半夜常會浮現一些想法，沒辦法馬上起身處理時，我會先運用圖像記憶法，把想法保留到清醒的時候再處理。舉例來說，前一晚先運用圖像記憶法，隔天寫下文字，我在腦海裡構思一句話：「亨利做得到，不會抱怨。」這是什麼意思？這句話涵蓋了我在睡著與清醒之間的時刻（亦即半夢半醒的淺眠階段）所浮現的三個想法：第一，我想引用大衛提出的環境原則，以及促使他提出這想法的書——羅伯特．亨利（Robert Henri）的《藝術精神》（*The Art Spirit*）。第二，我想要加一章的內容，講述看似「不可能做到」的困難工作所帶來的收益，依據是我曾經抱怨自己沒能力處理某件事，有同事對我說：「你做得到，你會做到。」第三，我想要加一章的內容，講述不去抱怨瑣事有多重要。所以才會有以下句子：「亨利做得到，不會抱怨。」這些想法與文字散落在本書各處，上述是第一組。

圖像記憶法（例如心理的圖像、象徵或句子）並不是在靈感浮現時去處理你想處理的東西。不過，在非實體的附屬物當中，圖像記憶法最接近「把工作坊準備好」的狀態，也是保留想法的一種方式。

如前文所述，我幾乎是去哪裡都隨身攜帶筆電，真的。我去看演唱會也帶筆電，為的是做到隨時隨地都能寫作。

我參考大衛的著作，他在書中針對明確目標的本質提出一個重點，該段文字引用如下：

> 高中時期，我讀了羅伯特・亨利的《藝術精神》，藝術人生的想法就此而生。對我而言，過著藝術人生，意思就是獻身於繪畫，全心全意投入，其他都是次要的。
>
> 當初以為只有這種方法才能深入了解、有所發現，所以在這種思考模式下，只要有任何事物會對發現之路形成阻礙，就不是藝術人生的一部分。其實，藝術人生的含義是自由，但我認為這種想法有點自私。其實，不必然是自私，那只是代表你需要時間。
>
> 友人托比的父親布希內爾・齊勒（Bushnell Keeler）常說這句話：「想要有一小時的時間好好作畫，就要有四小時的時間不受干擾。」
>
> 這種說法基本上符合事實。不是直接就能落筆作畫，必須先坐一會兒，等心裡出現某種構想，才能開始做出正確的動作。此外還需要準備好一大堆的材料，例如，需要用

畫布框來繃緊畫布。光是把畫布準備好，也許就要花很長的時間，然後才能開始動筆。必須先有充分的構想才能真正開始，因為在我看來，接下來就是行動與反應的過程。這過程向來是先建設而後破壞，接著在破壞中有所發現，並以此為基礎開始建設。自然現象在這當中扮演莫大的角色。把棘手的材料放在一起（例如在太陽下烘焙東西，或者使用的某種材料會跟另一種材料互斥），就會引發有機反應。接著，就要坐下來旁觀，研究再研究；突然間，就會發現自己從椅子上跳起來，投入其中，做下一件事。這就是行動及反應。

不過，如果知道自己半小時後就要出現在別的地方，那就不可能做到了。由此可見，藝術人生的含義就是自由擁有時間，讓好事發生。我們不是一直都有很多時間投入其他事物。

本章結尾要以特別的觀點去探討我剛才談過的內容。〈強健體魄，也是在訓練心智〉一章已針對體能健康提出見解。不過，在此想分享我的信念，請盡量把你的整體環境建構到最佳水準，包括穿著風格、室內裝潢、音樂、媒體、工作坊周遭，**讓你保持在**

更年輕的狀態。我並不是要講什麼陳腔濫調。

哈佛心理學家艾倫．蘭格（Ellen Langer）在二〇〇七年的研究報告中表示，如果旅館房務員得知日常例行工作可帶來顯著的有氧健身益處，那麼他們的體重就會減輕，血壓就會降低。大家認可這項事實後，研究對象的體重不到四週就減輕了，**他們的工作習慣或私人生活並沒有改變**，而控制組的體重毫無變化。他們對工作的感覺造成身體上的差異。在蘭格進行的其他研究中（這些研究是日後引發爭議的主題，但研究結果基本上從來沒有被推翻過），年長的研究對象若能沉浸於懷舊的環境，裡頭有年輕時期的刺激因子，包括老式的書籍、音樂、布置、電影等，那麼年長者的身心都能獲得改善，例如肌肉量和彈性增加、記憶與認知機能復原、情緒與活力改善等。環境若能喚起新奇感與青春感，實際上就能引發年輕的特徵重新出現，甚至可改善視力。

有一些跡象顯示，只要擁有的資訊或周遭可以讓人感受到青春，身心都會保持在更年輕的狀態。我在那些衣著與外表都不像是家長的家長身上觀察到這個現象。我指的不是彼得潘症候群那種不想長大的成人，那樣可叫人為難了。我指的是在性、藝術、風格、智識、個人方面都保有自我感，這樣就不會陷入那種在社會上墨守成規的爸媽模式。為什麼這件事很必要？在其他國家，例如法國與西班牙，家長會展現自己的風格、藝術、個人品味，把自己視為獨特的個人，不會被自身社會角色的某一個層面吞沒。

二〇二〇年四月，我撰寫這些文字之際，得知眾人愛戴又具創新精神的服飾商吉米．韋柏（Jimmy Webb）於曼哈頓下東城離開人世。韋柏的衣著完美演繹了龐克金屬風格，一身黑色、皮革、靴子、金屬飾鍊、帶尖刺的皮帶、其他配件。他有能力把衣飾層層堆疊成一幅畫作，不繁雜，不俗麗，而是合眾為一（e pluribus unum，美國國徽上的格言之一）。他比我大了幾歲，但大家看到他，並不會看到他的年紀。我也留意到一點，人只要投入某種玄妙或儀式魔法，外表看起來往往比實際年齡還要年輕。他們身上都有著同樣的現象：他們的衣著、風格、表現往往不同於大家一想到年紀就會聯想到的標準角色與範疇。類似的現象也出現在前文提及的行銷主管身上。我認為這個效果顯而易見。

看看本書英文版的封面相片吧，那是二〇一九年秋季，我五十四歲生日在紐約市拍的。該張相片是由與眾不同的搖滾樂攝影師賴瑞．卜薩卡（Larry Busacca）拍攝，沒有修飾作假之處。那就是我，那也是你。活出自己吧。

習慣❸

自我負責，兑現承諾與渴望

別把自身的責任排除在外，要率先擔起責任。

你對我的作品熟稔的話，應該會曉得我非常欽佩英屬巴貝多的神祕主義者內維爾．戈達德，他在西好萊塢離世前，一再撰寫並談及美國的形上學圈子。上世紀非主流靈性運動的所有作家當中，內維爾——他向來都是使用名字而不是姓氏——應當是論述最為雅致的文學人物與溝通師。在這方面，內維爾差不多可以跟艾倫．沃茲（Alan Watts）相提並論。

你的信念就是你的命運

根據內維爾的教導，你的想像力就是上帝，聖經的經文每一次提到上帝或基督，就是以象徵手法表現思維的創造力。根據內維爾在十餘本著作與數以千計演說當中的教誨，你就是由你眼中的自身樣貌組合而成的。你對自身一貫的設想與心理圖像就是你的命運，其影響程度超乎過去或現在的任何一種處境。從某方面來看，內維爾傳達的訊息是不同尋常的自我解放，而且內維爾在這十五年來吸引到的眾多新讀者都是如此認為。

內維爾傳達的訊息也頗具挑戰性，對於健康上有障礙或身體上有疾病的人尤是如此。二〇二〇年春季，我撰寫這些文字之際，全球都受到新冠病毒的危害。這種事情會不會導致心態產生變化？此外，在面對慢性疼痛或其他能觸知的症狀時，心理有沒有可能會產生改變？你在前言可看到我與讀者的交流，我不僅極其嚴肅看待這些議題，也認為就算把心智看成是最終能夠決定現實的要素，我們還是會經歷許多的定律和外力影響，例如體力的衰弱、對傳統藥物的需求等。從我的觀點來看，心理因果作用很有效，就像安慰劑效應那樣有效。不過，過程中的其他要素也同時存在。在我看來，問題出在我們把人生想成是受制於某條心理超級定律，比如說，安慰劑效應顯然很真實，雖是一項要素，但我並不期望它能凌駕於所有醫學定律。

除了細膩敏感的時刻，我們在目前的心態和觀點下，可能還無法體會到該如何以覺知的最終型態去形塑現實。然而，這點不應該妨礙到個人的實驗。不凡的事件無論是大是小都確實會發生，而內維爾鼓勵大家去探究這類事件，找出持久的心理圖像與外在活動之間有何關聯。

本書不會考量內維爾思想中的完整形上學含義，而是要從不同觀點去探究他的想法。每個人都是憑藉自己的設想過日子，無論有沒有認知到這點都是如此。我們對於人生全都懷有未經試驗、受心理制約、二手的觀念，而且很少會仔細審視這些觀念。若能體會到這點，就有很大的自由可以去選擇、去實地實驗不同個人與道德的人生觀。我希望你以這種精神來看待本書。請擁抱自由，以全新信念進行實驗，就能獲益良多。這就是內維爾提出的建言。

請你運用內維爾針對自我創造提出的想法，就算只是暫時一段時間也好，把他的想法視為正確無誤就好。背後的原因並不是我希望你去相信或不相信他的想法，畢竟相不相信要看你自己探究的結果，而是在於他的想法可以讓追尋者透過實驗，看到如何徹底自我負責。假如你擁有這種終極的創造權，你會表現出何種行為？會怎麼衡量時間？會怎麼理解自己的思維、關係、處境？

也許不會有差別。也許情緒、習慣、消費、制約都會自然而然產生，把我們束縛住了，導致我們的行為毫無變化。然而願意去面對這點，本身就能帶來啟發。

內維爾有一項特質我很喜愛，他願意挑戰一試。此時此刻就去測試他的想法，看看有沒有成果吧。在我看來，依循內維爾的思維模式，本身就具有啟迪和增強的作用，會讓你不得不以更嚴苛、更高尚的方式去查看自己的方向。在此要分享幾句話，引用自內維爾在一九四一年出版的《你的信念就是你的命運》（*Your Faith is Your Fortune*）：

你對自己的看法有所改變，你居處的世界自然也會隨之改變。不要試圖去改變他人，他人只是信差，讓你得知自己是怎樣的人。重新評價自我，就能印證自身確實產生了變化。

不要試圖去改變世界，世界只是一面鏡子，映照出真實的樣貌。人類試圖以蠻力改變世界，好比希望改變自己的面貌而去打破鏡子，結果毫無成效可言。放過鏡子，改變自己的面貌吧；放過世界，改變你對自己的看法吧。

這些想法當中的可能性所帶來的悸動，你難道沒有感受到嗎？我希望《讓你自帶好運的奇蹟習慣》能帶來兩種可能性：一是讓你可以用這種思維模式過活；二是採取步驟來加強這類思維。你沒有必要在形上學層次同意這點，除非這樣對你的實驗有所助益。

基於我在此提出的解釋，可以把內維爾看成是一種靈性化客觀主義者。或者，我也許可以說，艾茵．蘭德（Ayn Rand）——激進的個人主義者與哲學客觀主義的創始人——是世俗化的內維爾。

內維爾與蘭德都認為個人能夠創造自己的客觀現實與處境，而且兩人對這個看法都懷以不可妥協的堅定信念。在這件事情上面，蘭德認為是跟個人意願有關，內維爾認為是跟想像力有關。

我意識到蘭德會掀起人們內心深處的感受，往往引發強烈的厭惡感。請明白一件是，我不是從政治觀點探討蘭德的想法，而是設法讓人感受到最大的可能性，只要願意接受徹底自我選擇的命題，就可以進行實驗。最後一章將會探討漫畫家史蒂夫．迪特科（Steve Ditko）——蘭德門下頗具代表性的學生——帶給我的影響。試試看吧。

建立個人使命的人生觀

無論心理程序是何性質，無論付出的努力有多深厚，心智與情緒有時就是沒有站在需求的那一邊。我們可能基於各種理由而長期沉浸在失去與悲傷中，承受慢性憂鬱與焦慮。這些情緒狀態可能如滾雪球般變成危機。

憂鬱症有多種成因（通常是生物上和情境上的觸發因子），因此必須採用以下多種療法：治療、藥物、認知、靜觀、靈性。在應對憂鬱或其他情緒危機時，不應該斷然去掉任何一種解決方案。SSRI抗憂鬱藥物或其他藥物沒道理不能跟祈禱和靈修合併運用。我本身就在服用SSRI抗憂鬱藥物，不想看到SSRI抗憂鬱藥物在靈修文化遭受汙名化。如我在本章後文所做的觀察，切勿忽略「既有的管道」，切勿讓自己被迫覺得某種做法（例如靈修）會妨礙到另一種做法（例如精神藥物學）。

雖說如此，有一點倒是無庸置疑，美國社會目前正在面對憂鬱與自殺的危機。《紐約時報》在二〇一八年六月寫道：「慢性憂鬱與焦慮——兩者通常是自殺前兆——的療法從沒像今日這樣普遍又容易取得，然而，美國疾病管制與預防中心本週表示，全國自殺率穩定成長中，從一九九九年起，上升了二五％。」

既然本書闡述的是激勵的人生觀，那就不會大膽通盤分析這項危機，但會概述自我發展人生觀的精華所在，而且據我判斷，這樣就能成功應對絕望、無意義、悲傷的時期。希望這麼做了以後，就能短暫把時鐘撥回美國以前曾經成功應對的時候。一八九〇年代中期，當局同樣對於年輕男性「自殺潮」大傷腦筋。當時的美國正在經歷比較和平繁榮的時期，卻有許多州回報自殺率上升，而報紙每天都有自殺報導。接著，如同今日，自殺指數可能意味著社會與個人的使命出現危機。美國哲學家威廉・詹姆斯也抱持同樣看法。確實，這位心理學家本身也飽受憂鬱症所苦，還因此在一八九五年寫出以下的講稿與散文：〈人生是否值得活？〉（Is Life Worth Living?）。

詹姆斯認為，我們急需一些能建立個人使命與自身意圖的人生觀，用以對抗「人生不值得活」的衝動。詹姆斯說得沒錯。就算是今日，至關重要的社會政策與藥物學仍不足以阻擋情緒混亂的浪潮。身為個體，做為國家，我們必須重新發掘詹姆斯的深刻見解。那些見解可以拯救性命。此外，人們做著令人不滿的低薪工作而過勞、缺乏健保、不足額保險問題，這些事情引發的壓力源也必須減少才行。前述負擔減輕了，詹姆斯提出的處方效用也會因此增強。

一、對抗邪惡

詹姆斯寫道：「需求與奮鬥會激勵我們；但當我們迎來勝利時，反而感到空虛。」我們的堅強永遠不如積極奮鬥的時候，其實目標的到來與完成似乎耗盡了心神、引發了倦怠。那詹姆斯有何解決方案？那就是繼續不斷奮鬥，邁向值得的結果：「我們自己的競賽史有如一篇冗長的評論，講述著對抗邪惡時會有的快活感。」不要用過度狹隘的角度加以解讀。你對於「對抗邪惡」所下的定義也許很私人，例如走出癮頭、個人的哲學實驗等；也許很公開，例如參與運動、服兵役、公民服務、創立有建設性的事業等。

決心就要看自己，但以下的訊息十分清楚：對抗邪惡——無論你對邪惡有何定義——可帶來蓬勃的活力。詹姆斯寫道：「無論人生帶來什麼，人生都值得活，就為了這類搏鬥可以走到成功的結局，能把暴君的喉嚨踩在腳下。」努力戰勝問題或邪惡，是人生當中最重要的環節。

二、讓內心的期望獲得回報

詹姆斯描寫的維多利亞時代，特點在於人類才剛理解生命在演化上、自然上、生物上的由來。這並不是意味著要放棄宗教，而是要醫師、神職人員、哲學家不得不承認個人是這世上自然過程當中的一部分。有了這層認識後，人就得以獲得自由，看清自己掌中的人生。

根據詹姆斯的建言，你可以隨時取走自己的性命，而這份體悟本身就帶來了自決感：你並不受到未知力量的擺布，而是握有最後的仲裁權。因此，詹姆斯解釋道：「我們永遠可以再忍受二十四小時，就為了看到明天報紙會有什麼內容，下一位郵差會帶來什麼郵件。」

我們雖是受重複與悲劇所苦，但在時間的推移中，也會收到完全想不到的好消息。奇蹟與災禍都是人生的一部分，這是自然定律。等待事件出現愉快與戲劇化的轉折，並不是流於空想，反倒很實際。

三、個人成就

詹姆斯表示，人很需要保有個人榮譽感與自我主導感，永遠不該低估這股需求。我有個朋友寫的書沒達到預期銷售量，鬱悶不已。我建議他重新努力一番，不要去找某種含糊不清、東方形式的「不依附」，也不要毫無方向地去找內在意義，這對西方人而言格外困難。這聽起來會像是墮落的道德觀，在滾輪上永遠追著不斷遠去的成就嗎？不是的。我特別要質疑以下這句備受推崇的句子：「臨終之人沒一個希望自己當初在辦公室待久一點。」其實，有些人的使命感不僅深植於辦公室（實際情況視工作而定），還深植於工作室、舞台、武術塾、作家的書桌等。

勸受挫者不要回到工作台，我覺得這樣沒有幫助，有時工作台本身就是答案。很多人會在創業精神、藝術才能、職業上體驗到自我實現感。詹姆斯領會到了這點，而今日能領會到這點的靈性思想家太少了。

四、獨立祈禱

詹姆斯寫道：「我要告解，我不明白無形世界的存在為何有一部分可能不是取決於個人的回應，我們當中任何一個人都可能對宗教訴求做出回應。簡單來說，上帝本身就能從信徒的忠誠當中汲取重要力量，並增進自身的存在。」

我深信祈禱、靈修、禮拜的力量足以減緩情緒上的痛苦。投入虔誠的練習時，請把規則手冊給丟了。向著自己相信的更宏大力量，甚至向著道德與理性，按照自己想要的方式祈禱。

詹姆斯寫道，忠誠的力量可以用來提高人生裡高成效力量的存在，這些力量可以引導你在個人可能性方面獲得所需的答案、洞察力、知覺，也許還能獲得更多。《戒酒無名會》（*Alcoholics Anonymous*）一書在這方面格外有幫助。

童年慣例或既有做法就不要了吧，以最個人的理智去運用詹姆斯的勸告。他寫道：「那是現實的人性，在某種不具教義或定義的信念幫助下，人可以活，也可以死。」

五、逃離冷血者

這是本書的核心內容之一。

詹姆斯在信件中表示：「人性最深切的原則就是渴望被珍惜。」要是少了尊重與珍惜，職場上、家庭裡那些霸凌、愛耍嘴皮子、八卦、被動型攻擊的噁人會讓你付出私人代價，逼你走入絕望。確實，冷血或愛操控的人們施加痛苦，就表示有社會心理危機還未浮上水面，我認為這個因素引發絕望與自殺。

我由衷提出以下建議：「把冷血者踢出人生，把背後的橋燒了。」就算沒辦法立刻逃離那種有害的人格，一開始也要當成內在原則去落實，在內心發誓要正視有害人格帶來的真實情緒，與之分開，然後身體要盡快遠離。記住：詹姆斯把認知與尊重稱為「最深層的人性原則」。對方沒實踐這原則，就該切斷關係。**這原則至關重要，因此自成一章的主題。**

六、行動日（D-Day）做法

詹姆斯的見解十分普世。在對抗憂鬱、焦慮、自殺念頭的時候，請不要捨棄任何的方法、練習或想法。

在治療或靈修的探索上，我們太快就接受界限與極限。祈禱、靜觀等靈修方式，沒道理不能結合傳統的精神藥物法和其他形式的談話療法或認知療法。採取「行動日做法」，亦即窮盡手上一切方法去處理問題。若有人堅持某種做法會妨礙另一種做法，不要聽對方的話。我知道很多人會藥物、療法、靈性探索三管齊下，並獲益良多，我自己也是如此。

這是你的行動日，請調度所有的資源，像將軍般下令。詹姆斯在一八九五年的散文中如此作結：「不要害怕人生，要相信人生值得活下去，而你的信念會有助於創造出這項事實。」

效用強大的「十日奇蹟挑戰」

每個人在面對困境時，第一個辦法理應就是在自身與環境當中找出解決方案。所有可能的選項都要用。背後的原因並不是為了助長某種理想版本的自立或獨立的道德標準，並非如此。背後的原因是要找出長久的個人解決方案，也就是說，你運用的是內在與生具備的能力、觀點、主導權。扎扎實實的一次成功，就能讓你有效擴展強大的權力感。**這並不是要人逃避諮詢、治療、同儕協助**。不過，你解決問題的能力也會因此提升。

若想找出自己的解決方案，在此要探討一項由我構思且很受歡迎的練習——十日奇蹟挑戰。基本上就是進行意念實驗，專注投入單一目標。結果經證明效用強大。我開始寫這件事後，先是二〇一八年秋季起在朋友和讀者間私下傳閱，此後就聽到各種人對我說，我提出的方法對他們很有用，而且往往是好幾種場合都有用。例子有好幾十個，以下列出三個具有代表性的例子：

米奇，二〇一九年十月，我在團結村（Unity Village）的會議上遇到了你，還聽了你的演講，當月的月初就參與了你的十日挑戰。哇！在那十天，我前往阿姆斯特丹修習我所屬領域的進階課程，除了我自己的診所外，跟某家診所的合作獲利又有益，還有機會帶領佛羅里達州立大學（Florida State University）棒球隊的一些隊員投入大腦平衡作業。當我變得專注又始終如一，機會就如雪球般滾來。謝謝你創造出這樣的方式。

——潔芮・拉維尼（Jeri LaVigne）
喬治亞州亞特蘭大

米奇，您好：二〇二〇年一月一日，我開始進行十日奇蹟挑戰。丈夫與我牽扯上一些法律事務，在此不多說。我運用在奇蹟挑戰獲得的專注力擺平這些事。第九天，我們接到電話，得知一切都已經妥善解決了。我是信徒！我明天會開始進行另一回的挑戰。米奇，謝謝你。我一直都在學著去專注、邀請、允許真實的奇蹟出現在我的人生。

——梅麗莎・L・（Melissa L.）
路易斯安那州紐奧良

米奇，你好：我們聊過幾次，你也知道，對於思維有塑造現實的力量，這理論我不是第一次接觸。然而，十日奇蹟挑戰的即時性鼓舞了我，我把所有心理資源都拿來處理未償付的債務。挑戰到一半，我就已經達到一半目標，而到了第十天的結尾，我清楚知道終點就在眼前。我知道心智的力量是真實的，但還是要再次感謝你適時提醒並開啟這個管道！

——葛雷格．莫菲特（Greg Moffitt）
英國約克
www.legalise-freedom.com

進一步探討這項練習與有成效的原因以前，先提出基本的做法：

1. 決定你在人生中真正熱切盼望的事物。不一定要是明確的目標，但一定要是迫切需要的事物，或者有利目標的事物。
2. 把它寫下來，心願要縮減成一句話，例如：「我在所屬領域有一份賺錢的新工作。」

3. 設下固定的時間長度（此例為十天），要在這段時間內獲得你渴望的事物。
4. 畫出十個方塊的表格，每天接連劃掉一個方塊，藉此標出你邁向目標的進展。
5. 每天都要為了實現心願而盡量經常祈禱、設想、肯認、靜觀。
6. 最後，也是最重要的環節，仔細觀看目標的到來；**當心別忽視或漠視了目標到來時所憑藉的途徑。**

釋放能量

為什麼這種方法行得通？對我而言，十日奇蹟挑戰有如符印魔法的延伸做法。我打造十日奇蹟挑戰時，並沒有想到符印魔法，但日後我突然想到，讓該項挑戰搭配符印魔法，解決了我個人的一些困境。

假如沒聽過符印魔法，或聽過卻不太曉得是什麼意思，在此說明一下，符印魔法是混沌魔法的核心步驟。英國藝術家、神祕學者、靈媒奧斯汀．奧斯曼．斯佩爾（Austin Osman Spare）是採用此法的先驅。符印魔法是根據你的渴望寫下句子，再改寫成抽象的符號，在入神的狀態下，把注意力放在符號上，然後全部放下。這種過程會把心願具備的創造能量全都釋放出來。

最受歡迎的執行方式如下（版本數量無以計數）：依照自己渴望的事物寫出直白的句子，例如：「I have a beautiful new home nearby my work.」（我有漂亮的新家，離工作地點很近。）然後刪去字詞，把句子縮減成一連串難以理解的字母。常見的做法是刪去所有重複的字母，句子會變成這樣：「Ihavebutflhomnrywk.」（我有漂家離工近。）

接著，把每個剩餘的字母逐一排列成不具意義的抽象符印。如果我把上述字母組成符印，看起來可能會像下頁圖片所示。

這個程序的最後一個部分就是對著符印灌注心念，幫它「充電」。要充電的話，實際上就要停止想著內心的渴望，接受現在要完全交由你打造的符印來代表內心的渴望。請讓自己進到入神或不同尋常的意識狀態——通常可以透過自我取悅的興奮感達到此狀態（有時要透過跳舞、靜觀、服藥或其他任何對你有用的活動），與此同時還要把注意力放在符印上。在狀態到達巔峰的那一刻，專注凝視符印，然後忘掉一切。這樣就完成了。

原則上就是把心願轉移到符印上，對著符印灌注心念，這樣可逃離頭腦的理性機制。你再也不會「置身於渴望之中」，那是一種想得到卻未被滿足的感覺。你透過巔峰狀態，讓符印本身進入心智裡的潛意識領域，從而加入因果智慧的超然管道。雖然有些人會提出不同的解釋，但是我認為這公正地表現出符印魔法「造成」的情況。

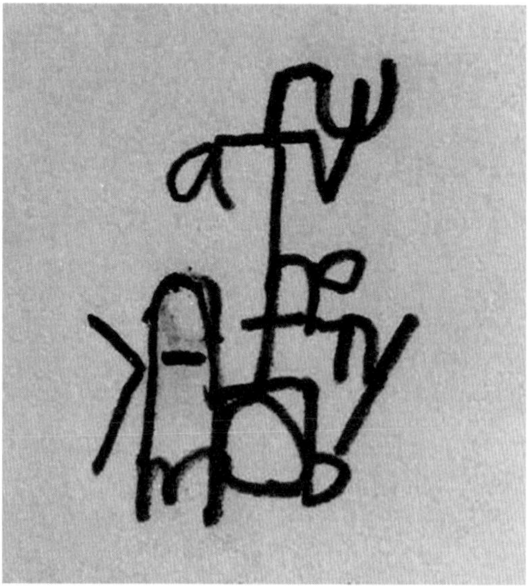

許多有能力、有天賦的人運用此法後獲得不凡的結果。我雖是尊重也欣賞這種做法（我甚至把符印刺在頸後），但寫這段文字時，從來沒有成功用過此法。＊我猜想過個中原因，可能是因為我在符印魔法的其中一個關鍵層面——有意的遺忘——碰到困難了。你不該沉湎於內心的渴望，不該停留於希望或渴求的狀態，應該要把內心的渴望轉移到符印上，透過極致的專注來有效地滿足內心渴望。方法大概是這樣。這時就完成了。步驟做完了，渴望實現了。

這種做法跟新思潮的若干層面有著心理學上的相似點，跟神祕主義者內維爾提出的方式尤其類似。內維爾請學生「活得像結局」，像是內心的渴望已經實現。他說，想想看，如果你想要的事物已經實現，你會有何感受。內維爾的方法以及符印魔法這兩種體系都是要設想內心的心願已經實現。內維爾允許的彈性多少更大些，畢竟他認知到這個過程可能要重覆進行。你肯定會突然意識到內心的渴望尚未到來，根據內維爾的教導，你可能不得不夜復一夜重複著想像的步驟，堅持不懈與孕育心願都是此體系的一部分。

如前文所述，這個轉移與遺忘的過程對我個人而言是個障礙。我那理性（和過度熱

---

* 不過，在此必須補充：對著本書的符印「灌注心念」不久後，我染上新冠病毒輕症，待在家裡好幾週，在那段時間，我很努力工作，還打掃整理自家公寓。你可以說我獲得了漂亮的住家，離工作地點又很近！

切）的本性無法就那樣「把它給忘了」。任何一種儀式只要是用來卸下內心渴望所帶來的重擔，我的本性就會成為障礙。

術士、藝術家、撒旦教會（Church of Satan）創立者安東．拉維（Anton LaVey）以深刻的洞察力撰文探討此問題。拉維在《魔鬼筆記本》（*The Devil's Notebook*）裡的〈地獄的亂語〉（Ravings from Tartarus）一文，探討儀式何以看似毫無效用。他如此回答：「因為你覺得儀式非常重要。」

拉維認為儀式或典禮應該要讓人沉浸在滿足感裡頭，彷彿已獲得自己想要的事物。在這方面而言，性慾和自我性慾（self-sexuality，對自己產生性慾）在他的儀式體系裡是核心的方法。只要體驗到長久渴望的滿足感，就會立刻放下。拉維寫道：「把你體內的每一丁點渴望都給燒光，然後，等你對它再也不在乎了，它就會來到眼前。」

如果你沒體驗到滿足感，就必須再度實行你的想像或儀式。或者說，你必須找到另一種方式，好讓自己不去關注那些毫無意義又無法專注在目標上的事物。拉維再度於文中表示：

人要怎麼不去在乎？有許多訣竅可以運用，創造力即是其一。置身於創造某物的過程時，腦袋必須在創造力的層次運作，而且那過程不是固定的，也不會重複。你沒辦法迷上某一件事物卻又心存新的想法——除非你創造的物體剛好貌似你著迷的事物。藉此，我們找到了將兩者結合的理想做法，只要雙手能創造出渴望事物的摹本，而且手藝高超到能以假亂真，那就差不多完成了。

拉維提出了一個很好的方法，可以有效轉移注意力。再說一次，混沌魔法、符印工作、相關技巧的重點在於繞過頭腦的理性機制，並且讓深度的潛意識——這個媒介可讓人在不同的現實之間做出選擇——發揮作用。

然而，如果你跟我差不多的話，那麼這種繞過的方式反而可能會構成障礙。我不斷熱切地想著自己的心願，我無法「忘記」心願，也無法轉移心願，最起碼迄今是我能力所不及。一同鑽研魔法的夥伴曾經講過我有這項特質，但實在很難不這麼做。而此時十日奇蹟挑戰就該登場了。

在我看來，著手處理新思潮、魔法、儀式、肯認、祈禱、咒語的工作，方法不只有一種。對於採用的方法，你想怎麼稱呼就怎麼稱呼，總之這些方法全都是要把心願外化、具體化，讓心智能引發或選擇性主導心願的發生。*有些作家和實踐者堅決認為通往心理或精神因果關係的康莊大道一定要繞過理性的心智。然而，我不確定這種說法正不正確。根據個人的結果與觀察，我認為我們也可以透過自覺意識的方法來運用這些精神上的能量。在我看來，人生有合乎物理定律的一面，也有不合乎物理定律的一面；有五感的一面，也有超感的一面；有線性的一面，也有無窮的一面；有物質的一面，也有超然的一面。在探索及行使你完整的本性之時，不用受到任何一種做法的約束。

由此可見，十日奇蹟挑戰提出的方法可以找出你的渴望並予以實現，不必遺忘、替換或重新安排。注意力要徹底放在渴望上，但要帶著特殊的警覺心。

這項練習有一項神祕卻關鍵的性質，你想要的事物到來時，往往是以你沒料到的形式到來，你不一定認得出來，還可能因為看似太過平淡無奇或跟預期的成果太過截然不同，而予以漠視。

不管到來的是什麼，都很有可能是經由某種**既定管道**到來。在魔法的領域，運用既定路線是最巧妙也最重要的要點之一。也就是說，必須把注意力放在務實——就算是出乎預料——的實現途徑上。一九一〇年，華勒斯．華特斯（Wallace D. Wattles）出版的經典之作《失落的百年致富聖經》（*The Science of Getting Rich*）即提出該項要點：

在創造之時，無明確形狀之物似乎會跟著其所確立的動作路線而移動。想到橡樹，並不會有生長完全的樹木立刻成形，但力量確實會開始有所動作，沿著既定成長線條造出樹木。想著物質時，對形狀所保有的各個意念會造就形狀成形，但一律或最起碼經常是沿著既定成長線條與行動。想到某種構造的房子時，如果是銘印在無明確形狀的物質上，那麼房子可能不會立刻成形，但會把商貿裡已在運作的創造力能量轉到這類管道，從而快速建造出房子。如果沒有既有管道可讓創造力能量運作，那麼房子就會從原始物質直接成形，不用等待有機與無機世界的緩慢過程。

實際上，這就表示你的目標有可能經由先前就存在的途徑到來。比如說，如果你是

---

* 我在《奇蹟俱樂部》、《一個簡單的想法》、《美好的術士》三本書中，將這過程背後的機制理論化。

在尋找某個疾病的療法，疾病可能不會自然消散，但你會發現一大堆療法可讓你痊癒。如果你在找工作，你極有可能會建立人脈，找出哪些想法與線索會把你需要的事物帶給你，比較不太可能是某個人走向前來，把你渴望的那封簽署又封緘好的錄用信拿給你。

有些混沌魔法或符印魔法的實踐者則更進一步運用此原則。實踐者在指示咒語或典禮——這其實是儀式化的意圖，跟正向心智或新思潮的方法並無不同之處——的時候，堅信到來的途徑必須明確，才能讓這類作業發揮效用。比如說，你的心願是獲得愛情，卻一直宅在家裡，那就沒有明顯的管道可以實現心願。不過，如果心願是獲得愛情，而且你也積極跟人來往，那就是有既定管道可以實現心願。（這也是培養好運的關鍵原則，這個主題改天再談。）

每個人都必須為自己好好研究考量這一步。你要求獲得的事物合不合乎你的人生、做法、習慣之脈絡？有沒有實現途徑是可預見的？或者，從不同的觀點來看，你有沒有忽略或忽視實現的模式？或者，是否只是因為你想要的事物是以不熟悉的方式來到你的眼前，就忽略或忽視那個事物的到來？

要留意熟悉感。前文引用過靈性思想家大衛．史潘格勒的話，他把自己的若干見解磨練一番，一九七〇年代初期還在蘇格蘭北部芬霍恩（Findhorn）這個創新的神祕社區工作。芬霍恩社區運用新思潮的方法，促進社區卓越成長及自我永續的能力。史潘格勒在《顯化法則》一書提及該社區的共同創立人彼得・卡迪（Peter Caddy），如此寫道：

彼得大概會說，「好」會對「最好」造成危害，我們應該要把工作做到完美程度。不過，有時「熟悉感」會對「可能性」造成危害。我們的設想可能是基於自己已掌握的知識或自以為可能做到的事情，而就我們想透過顯化實現的需求來說，這兩項基礎可能都不是最好的解決方案。

實際上能推動自己邁向成功的東西到底是什麼？一旦有了預期，很容易就無從察覺；來到眼前的，可能不是自己想要的**事物**，而是自己需要的**境況**。為了切中要點，來說個老笑話吧。大洪水來的時候，有個牧師逃到教堂屋頂，免得被洪水沖走。有個男人乘著木筏來了，叫牧師上木筏。牧師拒絕了，他說：「上帝會救我。」有人划著船來了，催牧師上船。不過，牧師再度拒絕了，他說：「上帝會救我。」最後，直升機在頭頂上出現，降下梯子。不過，牧師揮揮手要直升機離開，還大喊：「上帝會救我！」最後，洪水淹沒牧師，牧師溺斃。牧師上了天堂，對上帝抗議說：「我這輩子都在服侍您！為什麼您不救我？」上帝回應道：「我沒救你？我派了木筏過去，派了船過去，還派了直升機過去……」

故事的寓意：保持開放的態度。路出現了就走，不要什麼都一律拒絕，**切勿**忽略既有的方法。不管你需要的是境況還是事物，到來的方式可能是你排除、放棄或忽視的。古老的寓言常有陌生旅人其實是神明、國王或超自然信使喬裝而成，我認為這點就是寓言蘊含的諸多意義之一。誰邀他們進屋，就能獲得豐厚的贈禮。

習慣❹

付出時間、金錢、忠誠，實際協助他人

付諸行動，不空談。

前文提過，不要覺得有必要從服務的角度來表達明確的目標。二〇二〇年，某位友善的評論者認為我太少關注服務的需求。對方寫道：

我們確實人人都有想獲得力量的幹勁。人的能力有了進一步的成長與發揮，似乎也帶來某種本質上的好處。然而缺少了外部提供的目標，在這種情況下努力奮鬥，好像也會落入空虛不滿的下場。人天生就是為了比自身更宏大的事物而去工作，對那樣的事物也懷抱著信念。

你似乎努力在否認這第二衝動，在這條路上，筋疲力竭的人似乎也很多。

我的回應如下：

踏上靈性道路多年，我對於「服務」這類字眼就更加起了疑心，使用這類字眼的人積累了美德，但往往也帶著隱約的指責，就像你在這裡提出的言論一樣。如果人表現得很有生產力，行為互惠又公開透明，我認為那樣就應該稱得上是「服務」，而且別人也會明顯獲益。反之，很多自稱的靈修人士提供的助益不多，只是把貢獻服務背後的自私或無能隱藏起來。

有些新時代與靈修組織的行銷素材、網站、內部文化會去讚頌服務、社會責任、自覺的事務，可是該支付給藝術家、主持人、廠商的款項，卻是盡一切可能不去支付或拖延付款，甚至打歧視官司還打輸了（有一例竟然在幾年內相繼解僱患有相同疾病的兩名員工），這類事件我見識過無數起。這些親身經驗當然贏不過那種看似歷史悠久又講道德的服務。不過，到底什麼才叫做服務？一定要過著充實又有影響力的人生嗎？我之所以提出這樣的疑問，並不是要讓自己聽起來像個異端，我只是因為覺得大家必須以全新角度去探討這些概念，不要就這樣接受那些沿襲下來的定義。

如果你對服務的概念就是幫助別人，那麼是在哪些情況下以何種方式去幫助別人呢？有個聰明人曾經說過：「你真正可以送給別人的東西，唯有時間或金錢。」這種說法很容易立即引起爭議，原因在於它極其真實又戳破了幻想。以前，我常看到某個穿著貂皮外套的人會來新思潮的教會，奉獻籃來到眼前時，她沒有把鈔票或支票放進去，反倒揮了揮手，念了咒語。人不一定要付出。金錢瑜伽派可以付出，也可以不付出，但對此的態度要明確才行。

本書的出版商是個名副其實有慈善心的人，他對我說，草稿裡沒提到回報，於是我努力思考，「回報」的概念到底是什麼意思？我們全都埋首於複雜的動機，儘管懷有利己的心願，卻往往會否認。比動機還要更重要的是具體的好處。幾年前，我在影印店的時候，老闆對我說，他母親是通靈者。他顯然以她為榮，把她的原則對我反覆說了好幾遍。其中一項原則如下：就算你慷慨付出是為了形象、為了討好，但只要最後的結果會讓別人獲益，那麼你的作為就算是淨正向。

有個相關但不太一樣的教義出現在傳統的猶太教。二十世紀神學家拉比（Rabbi，猶太律法學者）伯拉罕．約書亞．赫舍爾（Abraham Joshua Heschel）曾經談論過慈善行動的真誠問題。有人問赫舍爾，人在付出的時候，是不是一定要有正確的動機。赫舍爾如此教導：「行動比動機還要重要。」赫舍爾表示，就算沒有真誠的動機，就算是基於多個動機，只要做出的行動在道德上帶來影響力，自身的感受狀態最終還是會合乎行為的本質。赫舍爾的重點在於行動是最首要的。人不一定能理解行動背後的動機，甚至連自己的動機都摸不清。視行動為優先吧。

深思奉獻或服務的動機

在新思潮文化下，有許多關於什一奉獻（tithing）的教誨。什一奉獻是古老的宗教習俗，亦即付出個人所得或財產的一〇%，資助教團與宗教社群。根據《舊約聖經》的教誨，什一奉獻者會獲得多種回報。「你要以財物和一切初熟的土產尊榮耶和華。這樣，你的倉房必充滿有餘；你的酒醡有新酒盈溢。」（箴言3：9-10）今日有些基督教派也呼應這番見解，尤其是成功神學（Prosperity Gospel）與新思潮的某些範疇。

我親自實驗過什一奉獻。假如什一奉獻對個人的人生有其意義，那我也不會有異議。然而，對我來說，什一奉獻毫無意義。現代的什一奉獻有個問題，它有時對「服務」一詞的用法有些偏頗，會讓人隱藏起利己的一面。隱藏不是成長之道。幾乎每一位鼓勵什一奉獻的新思潮神職人員或作家——從愛妲溫・根妮斯（Edwene Gaines）到凱瑟琳・龐德爾（Catherine Ponder）——都堅持信徒必須做什一奉獻，不求回報，要懷著愛，不自私。然而，這種做法仍算是交換條件。無論有多隱蔽，只要想法（「我是懷著愛去做這件事」）有別於感受（「我希望這樣會得到回報」），那麼這種行動背後的態度會把追尋者撕裂成兩半，類似「不依附」以及「獲得回報」之間的衝突紛爭。

正如同很多人會公開談論自身的美德，公開探討什一奉獻的人們在現實中往往是斷斷續續在做什一奉獻，好比買了一樣居家運動器材，結果卻成了掛毛巾的架子。我從來沒鼓勵大家做什一奉獻（那樣很噁），但是我碰過有些人自願對我表示，他們會把什一奉獻捐給我，但實際上沒捐。我見過神職人員與教會把什一奉獻捐給知名人物，但知名人物拒絕在教會發表演說時，神職人員與教會卻因此惱怒不已。再說一次，這種有附帶條件的期待雖未被言明，但是能夠被感受到的。我懷著同理心寫下這些文字：我做過什一奉獻，結果發現幾乎沒辦法讓自己不去期待回報，這也是什一奉獻在成功神學圈很受歡迎的主因。為什麼不該去期待回報呢？那是人性啊。

希望這個小節的內容不會冒犯到那些懷著善意去做什一奉獻的人，這種人肯定存在。在此只是分享我觀察到的現象，不是要以偏概全做出判斷。（其實，我樂於聽見讀者在什一奉獻上有正面的經驗。）重點如下：我希望付出與服務的概念實踐具備透明化、自我誠實、真實性，不是要把追逐私利的動機隱藏起來。追逐私利並不是問題所在，問題在於隱瞞。

忠誠不是團體迷思，也不是奴性

在我看來，要探求真正的團結，其中一種方法就是要忠於朋友、合作者、同事，尤其是對方陷入困境的時候。我覺得很奇怪，今日的我們很少聽人提到忠誠是美德。在遠古世界，忠誠是用來界定人生的特徵之一，要對部落、群體、家人、朋友、社群忠誠。今日，大家就算覺得這個理想沒有倒退，也會覺得很古怪。很多人一聽到「忠誠」這個字眼，彷彿聞到裡頭有不健康的成分，總會輕易反問：「難道我要對壞老闆忠誠嗎？那騙子呢？爛朋友呢？」不是這樣，你不應該對那些人忠誠，那會是墮落的行徑。忠誠不是團體迷思，也不是奴性。忠誠是互惠、可靠、情誼。同事陷入麻煩，你不會移開視線。有人受苦，你不會暗地裡幸災樂禍。你不會立刻接受粗略或群眾的判斷。如果有人是在你的朋友圈、同事圈、社群圈——無論有多廣義——裡頭，那你就是從團結與保護之地開始建立情誼。你會提供援助，這樣一來，那個人會知道自己受傷時不會被放棄。你會站在某個人的那一邊，以後你也會需要對方站在你這邊，而且時機會比你想的還要快速到來。

只要表現出團結的樣子，周遭就會形成一個崇高又互惠的社群。如果你幫助了一個正當成熟的人，可以合理推斷你的表現以後會回報到你的身上，而你又欠了能者圈一份人情。這雖是利己，卻不是見利忘義的手段；此外，此法也有利群體。必須找出你心目中有誰是真正的朋友與同事。團結與忠誠可以扛起別人的負擔，讓對方覺得自己被理解、被保護，此外，如前文所述，無論你可能會有多個動機（這情況很常見），此舉就是在表明你會支持你眼中的戰友。切勿忽略此法可以帶來的重要性或安全感。

發自內心去理解別人

雖然談了這麼多金錢與時間的事，但我並沒有無視人們的情緒需求。在我看來，你能做出的最重要的一種互惠行為，就是設法發自內心去理解別人。

人生中少有事情會比不被理解還要痛苦。只要你承認對方的成就與痛苦，對方就能獲得強大的力量，逃離情緒上的寂寞。反之，否定對方的痛苦，甚至操弄對方，並隱去自己在當中扮演的角色，是最低劣、最不光采的一種行為。花再多的時間「拯救世界」或發出「拯救世界」的推文，也無從抹去那種行為的情緒暴力。

在我看來，很多人在情緒、性或身體方面遭受虐待，痛苦與創傷殘存不去，而這並不只是事件本身使然，也是因為那些跟自己很親近的人——尤其是家長與照顧者——從來沒有認知到發生了什麼事。家長或監護人就算不是加害方，仍欠孩子——包括已長大的孩子在內——一個交代，大人應該要承認發生的事情，有必要的話，還要坦承自己是否盡力保護孩子或防止事情發生。無論年紀大小，只要感受到對方理解自己，對方認知到事情屬實，受過的創傷就會獲得最強大的慰藉。反之，不向對方真誠道歉，沒有承認對方的處境，或更糟的是還否認對方的痛苦，那麼創傷就會變成長久癒合不了的傷口。

有個絕佳的電影例子描繪出承認與認知對創傷造成的影響力，那就是二〇〇一年的寶萊塢浪漫喜劇《雨季的婚禮》（*Monsoon Wedding*）。雖然我把這部電影說成是喜劇，但它不只是喜劇而已。（爆雷：以下描述文字提到結局。）事件圍繞著德里的一場奢華婚禮，現代的印度家庭苦於籌措女兒結婚費用。儘管戶長拉力十分富有，但世界各地的家族成員突然來到他家，財務狀況隨之吃緊，最後一刻的開支更是高漲。還好經濟富裕、住在美國的泰叔也來參加婚禮，泰叔長年資助拉力一家人，大家對他既喜又敬。然而，有一個人在躲泰叔，是拉力的姪女麗亞，麗亞在父親死後就跟拉力一家同住。

不久，麗亞留意到泰叔對十歲親戚阿莉亞關心不已，還帶著挑逗。某個晚上，在婚禮前的慶祝活動期間，麗亞看見泰叔試圖開車載走阿莉亞。麗亞趕忙擋在車子前方阻止泰叔，還說出了真相——麗亞小時候被泰叔性虐待。麗亞冒著名譽受損的風險，為的就是避免這個模式重複發生。有些家族成員指控麗亞說謊，還說她沒結婚，純粹是婚禮前夕心有不滿、想報復罷了。拉力夫妻倆相信麗亞的話，卻無法開口為麗亞辯護，只因不想冒犯到有錢的泰叔。麗亞隨即離家出走。隔天，內心徬徨的拉力懇求麗亞回家，麗亞也照做了。結婚典禮即將開始的前一刻，整個家族聚集在小聖壇的前方，對麗亞的父親表示敬意。就在那靜謐的時刻，拉力為麗亞挺身而出，十分勇敢地輕聲對恩人泰叔說，他必須離開他們家。泰叔離開後，麗亞身上的重擔終於放了下來，十歲的阿莉亞也安全無虞，惡性循環就此打破。麗亞自由了。對我來說，這個片段隱約具備十分強大的力量，同時也極其啟發人心。

不被理解的痛苦

如果你想要勇敢，想知道團結的意思，就看看拉力和麗亞這兩個角色吧。兩人沒有帶槍，沒有服裝，也沒有闖入戰場，卻是電影打造出的最棒英雄之一。拉力沒辦法讓過去重來——或者他做得到？靈性導師葛吉夫（G.I. Gurdjieff）表示，過去控制著未來，但現在控制著過去。這種說法可以在幾個層次上去理解，以下是其一：我們給過去賦予的意義，我們現在對過去的意義所做的回應，在在影響到過去的性質。我曾在《奇蹟俱樂部》一書提出疑問，人會經由自身觀點不斷去改變過去或選擇過去，那麼這點有沒有可能因為人對於時間性質的有限認識而遭到掩蓋？

人生中少有事情會比不被理解還要痛苦。對於承受身體、言語或情緒虐待的受害者而言，虐待事件帶來的傷害往往沒那麼深，但別人表現出缺乏理解或有意否認的樣子，反而會造成更大的傷害。正如〈遠離冷血者，讓自己更強大〉一章的討論，施虐者通常會巧言否認，更會變本加厲，讓他們得以繼續掩蓋自身的行為。「巧言否認」好比「操弄」的渾蛋表親。受害者不被理解，痛苦就會日益惡化。基於這個原因，我認為南非在種族隔離後實施了十分重要的措施，一九九五年至二〇〇二年，南非在全國各地舉辦真相與和解委員會的聽證會。有了這些聽證會，證人與受害者便有機會去描述及證實人權暴力的情況。

人類被理解的需求要是遭受否認，痛苦有時就會以意想不到又分裂的方式長久存在。例如，一九八〇年代與九〇年代，一大堆杜撰的「撒旦式虐待」醜聞傳遍全美各地，吞沒並毀壞了眾多無辜者的人生，他們被無端指控犯下了色情又荒誕的儀式虐待行徑。部分的媒體、法院、警方、不太有辨別能力的治療師與自詡為專家的人士，更是朝著聳人聽聞與誹謗汙衊的消息煽風點火。被賣力的「倡議者」操控或慫恿的受虐原告，有些其實可能是受到家人、照顧者或神職人員的虐待。然而，受害者往往被忽視、沒受到保護又急於想把心聲傳達出去，所以才被勸誘接受謬誤的故事情節。由此可見，有些人是兩度受害，還造就出那些遭受無端指控的受害者。這種惡性循環會發生在人不被理解的時候。

經歷童年虐待的倖存者，通常會回想起自己說的話一開始是怎麼不被理會，若是待在有責任保護兒童的機構更是如此。撒旦式虐待的敘事在媒體上演的那些年，看看實際上發生的情況吧：天主教會與美國童軍團發生的性虐待個案遭受長期系統化掩蓋或漏報，而大眾還以為這兩個團體跟穿長袍的撒旦崇拜者是兩種極端的存在。撰寫本文之際，美國童軍團已宣告破產保護，想擋住倖存者的訴訟；有二十多個天主教教區或教團在受虐者索賠期間申請破產保護。從歷史即可得知，我們經常把某個來源的受虐故事移到對立的一端，並在這過程中創造出代罪羔羊，例如：中世紀的女巫，一九八〇年代與九〇年代舉辦儀式的撒旦崇拜者。

你可以阻止這類循環並實踐互惠，只要做出團結的行動就行了，亦即以成熟、真實、慈悲的態度聆聽他人的心聲。有必要採取行動時，就把責任感看得比便利、利己或團體意識還要重要。

習慣❺

拒絕八卦和謠言，維持好品格

不尊重的態度與嘮叨的廢話
在你的人生裡毫無一席之地。

在事業上，我心目中最有意義的其中一個評論，是在我那本講述正向思考史的著作——《一個簡單的想法》——平裝本出版之後出現的。當時，我在紐約州威徹斯特郡的運動紀念品公司發表演說，從倉儲人員到銷售員的每一位員工都出席了。演講結束後，有位銷售員朝我走過來，說：「我真的很想謝謝你來到這裡，來這裡的講者多半都是教我們要怎樣討別人喜歡，這樣就可以賣更多東西給別人，但你讓我們意識到該做些什麼來幫助自己。」

聽到他說的話，我很感動，因為在我看來，正向思考的人生觀並不只是成為更優秀的業務人員或銷售員，雖然這也重要，但最要緊的當屬個人的榮譽感。通往榮譽與崇高的途徑十分簡單，通常就是看你說了什麼話、不說什麼話，無論是親自開口、訴諸寫作還是在社群媒體上發表都可以。

我通常會抨擊八卦消息，但這並不代表面對不公要保持沉默，而是代表著不會基於快感、敵意或娛樂的理由（三者通常是綁在一起）而去散布無聊的謠言與醜惡的臆測，無論是在對話時還是在媒體上都是如此。在此保證，停止這類活動最是能讓你更快站得更高。散布八卦與謠言會降低你的品格，如同吃進某樣略有毒性的東西，而且造成的影響也會累加。

原因就出在於八卦會影響到我們。你自己擁有什麼特徵，在別人的身上也只會看見那些特徵。因此，不誠實的人不會承認別人有誠實的一面，還會認為誠實是弱點。由於八卦通常是負面的，所以我們實際上是在談論自己具備的特徵，還以不易察覺卻明確的方式降低自身的品格。這就是為什麼八卦了一小時以後，我們可能會覺得身體疲憊，緊張不安。如果人類政體或全體的概念是存在的，那麼我們所有的言論最終都是自我導向，這說法不無道理。互惠具備形上學的一面，而這也使得「黃金法則」（Golden Rule）——十七世紀的英國是如此稱之——有其艱深晦澀的一面。

行為與想法皆適用的黃金法則

在此建議你閱讀拿破崙・希爾在一九二八年出版的《拿破崙・希爾成功定律》

（*The Law of Success*），闡述黃金法則的那一章。希爾針對黃金法則提出的見解值得我們重視並再度關注。將近十年後，希爾把《拿破崙・希爾成功定律》裡的初步學說改編成更簡潔的《思考致富》，刪掉了黃金法則那章的內容。我為他的選擇感到惋惜。他在一九二八年出版的那一章，為這個眾人熟悉卻被低估的原則開啟了一道窗。

希爾認為黃金法則不僅能應用在你對別人的作為上，也可以應用在你對別人的想法上。他寫道，你從自己或他人那裡接收的每一個意念（這些意念會成為你的基本性格的一部分），會推動自我暗示——亦即我們對自己做出的暗示——的過程開始運作。因此，運用黃金法則這個原則的急迫性超乎我們的認知。

希爾寫道：「我們總是牽扯上這共同的命運，逃也逃不了。」我相信這句話，人生有交互作用。藉由踩在別人頭顱上獲得成功或勝利的那些人，我個人從來沒見過他們的人生有幸福結局。有些人會毫無顧忌地獲取財富或安逸，不在乎道德與資訊公開透明；有些人會抹黑別人的名聲，贏得短暫的勝利；有些人總愛事後發表殺傷力強大的言論，卻缺乏尊嚴與崇高。根據我的觀察，隨著年歲的流逝，這種人通常都很怯懦、生氣、不安、多疑，最終落到孤單下場。

不讓八卦和抱怨吞沒人生

人的行為所獲致的回報都會被記錄下來，因為正如希爾的觀察，我們在這世上看到怎樣的處境，我們自己就會演出怎樣的處境。所謂的觀感，絕大部分是一種選擇。前文已提及，我們自己不具備某種美德，就沒辦法承認別人有那種美德。由此可見，觀點與性格會形成一個整體。你看見了什麼，你就會是什麼，而你也會看見自己的真實樣貌。仔細並刻意去觀察人生，不要受到偏見或固有思維影響。

下次你很想重述某位同事、熟人、鄰居或家人的八卦時，請自問：「實際情況是這樣嗎？當中任何一部分的說法，我有沒有親眼目睹過？」此外，還要自問：「我讀過這個人的人生腳本嗎？我知不知道當中可能存在我沒察覺到的理由？」唯有提出這些問題以後，才能決定要不要重述某件事。

要提高自尊心和別人看待你的態度，最簡單又最能立即採行的步驟就是不八卦，其次就是不抱怨。在日常的發言與對話當中，抱怨占了一大部分，多到連自己沒發覺，等到努力不抱怨的時候，才發現自己有多常在抱怨。

我們多半誤以為把不適感和瑣事說出口，兩者就會因此減少。開口說出來也許會暫時鬆一口氣，尤其是朋友匆忙贊同我們的時候，會覺得格外寬慰。有時這種宣洩情緒的方法有其必要，尤其在解決問題或設法處理衝突的時候。不過，通常這類談話會創造出不斷重複的漩渦，吞沒我們的人生。

有些人一開口不過就是換種方式抱怨，內容涵蓋：餐廳的差勁服務、天氣、鄰居、火車誤點或電梯太慢、交通、剛才吵的架、被誤解、每一次的冒犯或不便。這類抱怨有大有小，有真實也有臆測。我有些親戚一輩子就是一再反覆抱怨著總共約二十件左右的事情，只是內容稍微變化罷了。真的不誇張。明明住在世上最富裕的社會之一，這種言行不僅只是在自憐也墮落。

我們當中有許多人從小就受到這種談話方式的制約。唯有努力控制這些抱怨的句子，才會發現抱怨的句子有多普遍。你也許會發現自己控制不了抱怨的句子，或者是不想要控制。憤怒與抱怨會帶來某種興奮感。不過，如果緩慢捨去那些最瑣碎的抱怨，就會發現自己不抱怨或很少抱怨的時候，會產生一種不易察覺卻明確的力量，也會發現別人更樂意請你說出觀點，並且在你開口時，更仔細或立刻聆聽你的想法。

停止抱怨、付諸行動的例證

大家長久批評維多利亞時代的文化壓抑及阻礙誠實的對話，批評該時代的偏見，那些評論多少都是真實的。不過，在當代世界，我們要是能重獲維多利亞時代文化裡頭一絲理想化的堅忍嚴肅（如果不是一直在實踐的話），肯定會獲益良多。

在此舉個不錯的例子，既不感傷也不老套，是福特．馬多克斯．福特（Ford Madox Ford）的角色克里斯多福．提真斯（Christopher Tietjens），在福特的《一戰往事》（*Parade's End*）實驗小說系列中，提真斯是遭人誤解卻有原則的統計學家與英國軍官，身處虛偽又日益瓦解的一戰社會秩序之中。如果你對閱讀現代主義經驗論的作品不是那麼照單全收，編劇湯姆．史達帕（Tom Stoppard）把福特的四部曲改編成按線性時間順序、扣人心弦的同名迷你劇。

雖然劇中演員的演技都巧妙精采，但是班尼迪克．康柏拜區（Benedict Cumberbatch）對受苦的英雄提真斯的詮釋，是我所見過最難忘的螢幕表演。提真斯忍受著被人誤解的痛苦，不重述自己的遭遇，也不替自己辯護。康柏拜區的演出或可讓你對我的描述更有信心，他飾演的角色可說是有助益的男子氣概及停止抱怨、付諸行動的例證，甚至要冒著被誤解的風險。提真斯的名譽受損，但最終他心目中真正重要的人們都理解了他。

情緒暴力造成的有害影響

我此處所寫的內容，有很多是和誤用的憤怒與無力所具備的破壞性質有關。對人用憤怒的語氣說話，有很大的破壞力，而這一點我這輩子花了太長的時間才學到。從小到大，我以為男人就應該這樣講話。對過去的我而言，美國情境喜劇知名角色阿爾奇・邦克（Archie Bunker，跟今日的政治圈相比，就顯得毛茸茸又可愛）很正常啊。我聽過我爸用那種語氣講話，他肯定也聽過他爸用那種語氣講話。不過，我的語調在別人耳裡聽起來如何，我倒是沒聽過。我聽不見自己的聲音。當你生氣地對別人講話，對方會害怕，覺得受辱，更永遠不會忘記這件事。我往往會說，你辱罵或羞辱某個人，就算是間接的，你遺忘的速度會比對方快多了。你不僅傷害到對方，也樹立了一輩子的敵人。

對攻擊者而言，憤怒會帶來興奮感。你可能會跟年少的我一樣，發現自己對某個人發洩怒氣，對方有時會嚇到，然後從正在發生（且通常很小的）爭吵中退縮。這是最糟糕的一種強化方式，因為如此一來，攻擊者會覺得自己成功了。

我這輩子最後悔的其中一件事，就是常把憤怒的語氣帶回家裡，所以孩子多少從我這裡學到了那種語氣，在孩子的絕大部分青春期，我只好努力示範別種行為。在社會上、政治上、商業上、私下情況，無意義的憤怒最是會腐蝕人類的境遇。

人們常說，憤怒就是恐懼。也許這說法是真的吧。不過，憤怒帶來的影響更讓我憂心。在這脈絡下，憤怒或敵意可能有許多不同的形式。如〈付出時間、金錢、忠誠，實際協助他人〉一章所示，當中最糟的是以下行為：操弄，攻擊別人的弱點，反擊別人的讚美，不願承認他人的需求或創傷。

我非常尊敬靈性導師威農．霍華德（Vernon Howard），他剛開始寫作的時候，多少是在新思潮的脈絡下，日後更進一步成為出色又無法歸類的形上學思想家。霍華德的作風直接，有時愛爭執，這是出了名的。不過，他總是懷抱著使命。某晚，他對著整個教室的學生爆發了：「我真正要說的是，**不要管別人**，為什麼你們做不到？別人有他們自己的問題，他們不需要你開玩笑，也不需要你做出聰明的評論。」

就像霍華德的例子，他會說，看來簡單的事情會把真相的諸多層面掩蓋起來。試想，如果我們真正理解「不要管別人」的含義，也就是說，不用多餘的評論、俏皮話、不必要的要求、憤怒的訴求去打擾、騷擾、影響他人、讓他人感到負擔，那會產生多大的改變啊。霍華德說，你可以開始學習自立與非暴力（情緒上或身體上）的意義，只要在很簡單的工作上負起責任就行了，包括家務在內。比如說，問某個人剪刀在哪裡、膠帶在哪裡以前，自己先去找吧；請某個人把某樣東西拿過來以前，自己先去拿吧。十次當中有九次並不需要別人分心幫你做。小步驟卻能帶來大啟示。

霍華德常教導大家，要以各種方法掩飾自己的敵意，有時還要掩飾自己無法勝任。霍華德的見解雖有爭議，但在我眼裡卻很巧妙，他教大家應該把無法勝任理解成敵意，因為**無法勝任造成的影響跟敵意一樣**。無法勝任的人會讓別人緊張不安；害別人要更努力工作；阻礙合理的商品或合作；還要求拿到不應得的回報。霍華德總是教大家應該去關注那些影響，在影響範圍內察覺到動機。由此可見，他把敵意看成是百態人生的核心弊病。

在另一個具有爭議性的教導中，霍華德說：「跟我說受害者是誰，我就說得出霸凌者是誰。」他堅決認為，我們個人的困境多半是自已選的，再怎麼巧妙地掩蓋這點也掩蓋不住（對自己隱瞞也包括在內）。還認為人往往會哭喊著自己是受害者，藉口攻擊別人。這樣的教導叫人很難消化，輕易就能舉出例外情況，因為有些人確實是在承受痛苦。不過，這個威力強大的教導還是可以實驗看看。有些人會抱怨自己身上發生的事情，而他們看起來一直很害怕、緊張、承受威脅，但在我碰過的八卦者當中，這些人是最差勁的幾個。他們在這世上的經歷使得他們視世界為險惡之地（八卦者通常是這樣），卻利用那樣的恐懼來貶低他人。無論根本原因是什麼，都造成有害的影響。

我知道當中有些話聽起來很刺耳。我小孩還很小的時候，拿走我的一本筆記本，在裡頭偷偷寫：「霍華德很兇！」（他偶然聽到霍華德某些演講的錄音內容。）不過，我解釋說，霍華德是打算利用這樣的挑釁，針對人性問題做全新的思考。我們不一定是自己口中描述的模樣，就連自己也會瞞過去。此外，只要留意自己對別人產生的影響，就可以開始認清自己的模樣。我們通常會懷著憤怒、恐懼、敵意，而且往往是經由冗長的廢話，把情緒暴力發洩在我們心目中的對立方身上。

未經思考的論點，不值得信任

隨口說出意見，強迫對方非得接受，就是一種敵意。對於自身直接經驗以外的事情，大部分的人都是所知甚少。不過，我們基於條件反射，滔滔不絕地說著各式各樣自己所知甚少或毫無所知的事情，例如金錢、政治、健康、養育子女、教育等，只要是說得出口的事情都談論。

希爾勸告大家要保護自己，不要理會別人隨口說出的意見。根據他的教導，你的目標、你最重視的案子應該只告訴你信任的夥伴和合作者，只告訴那些明顯知道自己在講什麼的人。如果隨便任何人——包括朋友、同事、晚餐派對的客人——都能從你口中聽到你的計畫，那麼在你處理的工作上少有經驗或毫無經驗的人，通常都會不請自來，對你滔滔不絕提出建議或批評。如果隨便說出你珍視的計畫或案子，也許是為了尋求別人的認可使然，那就會聽到那些在你的領域毫無專業知識的人們發表意見，在你心中種下毫無根據的懷疑種子，導致你被丟出競賽場。

就連專家也會犯錯，優秀人士也時常出錯，也許五次就有四次是錯的。產品研究調查也會犯錯，記不記得 New Coke（新可樂）、Web TV（網路電視）、Google Glass（Google 眼鏡）、Zima 酒飲？如果產品研究員是錯的，出色的人也是錯的，那你為什麼該去信任某個人隨口說出的觀點？

而且，為什麼要提出那種隨口說出的觀點呢？我有一次喝醉無聊，聽著某個不動產律師對我解釋說，某本雜誌製作出色又創新，但版面設計這裡不好、那裡不好的。當你把新案子或進行中的工作——例如海報、書籍封面、網站、出版物等——隨便給某個人看，對方通常會隨口說出觀點。唯有真正的藝術家和創作者才懂得怎麼去評估作品的好壞或提出改善的方法，僅止於此。

人們多半會想發表意見，展現自己多有「創造力」。假如你不信任陌生人修理你的車子、診斷你的症狀、替你的沙發裝上軟墊，那你為什麼會去信任那個剛好坐在隔壁的人對你的文章、服裝、職業夢想、任何有價值的事物發表意見？讚美是智慧的特徵，不要不去讚美。讚美他人就表示你珍惜他人付出的心力。提出的批評一定要具體、實用、根據經驗，而且是別人問了才說。

隱藏真實想法，是在貶低自己的水準

切勿為了受歡迎或獲得接納，就去貶損自己對事實的感受、自己的想法、自己的表達方式。大家習慣了立刻貼文、對「讚」上癮、列表追蹤，看到標題騙人點擊的文章或貼文——為了吸引受眾分享就使用尖酸好笑的用語，或競相向下沉淪到粗鄙的低點——就很容易受到影響。這種做法不僅有經濟上的回報，我自己也覺得那些文章很吸引人。不過，在此必須提出以下建議：「流傳於世」永遠要放在「受歡迎」的前面。

首先，受歡迎向來是轉瞬即逝的事情。善用流行俗話的人很快就會變成昨日新聞，實際上和比喻上都是如此。在我看來，每一位啟發我且還活著的作家寫過的文字，就算他們離世許久後仍會留下影響力。中期來看，培養質量也可帶來更大的回報。

還有一點更重要，用語與思想的特質之間有著隱而不顯的重要關聯。若墮落到不斷使用諷刺的言詞、只有圈內人才懂的用語、政治的論點，肯定就會出現雷同的意見。若是創見，就不會採用固有的用語。團體用語與團體迷思之間的相互依存關係逐漸退化，如果想以作家、思想家或溝通師的身分發光發熱，那麼書寫的時候就要表現出**自己**說話的樣子，不是**別人**說話的樣子。

某晚在派對上，我聽著某位嘻哈藝人針對他居住的巴爾的摩藝術圈與洛杉磯藝術圈進行比較。我全神貫注聆聽，他說的一切都很別出心裁，都是根據親身經驗、近距離觀察，說話的措辭也具有獨特的風格。在我聽過的話語當中，稱得上是極其不落俗套的描繪，來自於他直接接觸、實際觀察到的世界。真希望知道他的名字。再提一次，愛默生曾經說過：「模仿等同於自殺。」

這也延伸出以下論點：受過教育或智識高，千萬不要隱藏起來，不管要用什麼方式都好，街頭親和力也可以運用。千萬別去改變你的舉止態度或降低水準，不論是為了怕自己顯得很布爾喬亞（有什麼會比那樣還要更布爾喬亞？），還是為了想要更吸引人，都別那樣做。每當有製作人或編輯勸我不要「太費腦筋」，我就覺得厭惡。那種說法完全是狗屎，我才不跟這種人合作。費腦筋並不代表沒效果，不代表不受歡迎。誰要是有這種想法，肯定沒什麼好貢獻的。

我曾經寫過紀錄片系列的電視大綱，主角是我心目中的一位真實英雄，超感應能力研究者J．B．萊恩（J.B. Rhine）。萊恩夫妻以及聰明的夥伴露易莎（Louisa）在杜克大學（Duke University）辛苦工作數十年，提高了超自然現象研究的標準。我的寫作夥伴一直勸我不要太費腦筋，應該要找名人，要寫得更聳動。我答應了。我們把電視大綱交給製作公司，後來電視台回絕我們，製作公司基本上放棄我們。

幾週後，我重新看了電視大綱，覺得身體都要不舒服了起來。嚴格來說裡頭沒有不真實的部分，我沒有捏造任何事實。不過，我看見自己急於討好別人，向下沉淪，因為我把故事講得盡量俗豔。這樣一來，等於漠視了萊恩何以是我的英雄——萊恩採取保守務實作風，具有確實的智識，不願做出沒有原則的退讓。這鼓舞了我成為另類靈學史學者，在超自然與形上學領域從事寫作。我跟萊恩一樣，都想把卓越的智識帶到有需要的地方。我放下了那些原則，好讓別人——也許是連我都不認識的製作人——認為我不會「太費腦筋」。我發誓再也不那樣做。掩蓋自己的標準就等於是在貶低自己的水準。

勿隨意聽信意見，懂得查核事實

書籍出版業有太多都是奠基於吸引大眾的本能。不過，採取的做法往往未經研究、數據、品味證實。有多家出版社堅信書籍的折口或封底的文字必須簡短才行，理由是大眾的注意力短暫。然而，沒有研究證明購書者有注意力短暫的情況，在我們的社會，購書者就許多方面而言都是自己做出選擇，注意力時間也很長。某天早上開會，有出版人堅稱文字簡短有很多好處。開完會後，我去了一家大型書店，看看目前的每一本暢銷書，小說類、非小說類、精裝本、平裝本都看了，結果發現銷售量與書封文字的多寡毫無關聯。

關鍵點不在於文字多寡，而在於品質。文字是否具體、明確又實用？如果答案是肯定的，那麼除顧慮到書籍實際尺寸外，文字多寡無關緊要。重要的是品質，不是簡短。日後，我在大衛．奧格威（David Ogilvy）的重要著作《奧格威談廣告》（*Ogilvy on Advertising*）讀到以下段落：「直效式廣告商都知道小部頭不賣。在A／B測試中，大部頭的銷量始終超越小部頭……大部頭賣得比小部頭多，若請讀者花一堆錢買書，結果更是如此。只有外行才會採用小部頭。」奧格威使用那一代的用語，寫下不朽的名言：「消費者不是傻瓜，消費者是你的妻子。」

書名也是同樣情況。好的書名一律簡單明確，或大膽創新。創新的背後必須有證據支持。有責任編輯曾經大力主張把「secret」一詞加到我的其中一個副標。我回絕了，不是因為我很討厭這類用詞，畢竟本書的英文副標也用了該詞。我不會特別把「secret」解釋成刻意隱瞞，而比較像是視為忽略或認知不足，從而未被察覺。我希望自己不愧對本書使用的「secret」一詞。然而，我永遠不會將該詞彙或任何詞彙用做低劣的煽情。

有些人認為時髦的形容詞可以增添滋味，讓書籍或電影更商業化。再說一次，他們的想法是錯的。形容詞若是隨便使用或用來煽動，只會成為無憑無據的主張。形容詞會弱化說詞，無法強化它。而這一點是我多年來以作家身分不斷摸索學來的。路過的編輯或鍵盤上的批評者沒有經驗的話，很少懂得這類用語要點。毫無經驗下做出的衝動言行，好比蹩腳的嚮導。請為了自己，查核事實吧。

不在社群上發表不必要的評論

我必須承認，網路及社群媒體上有很多迅速流行起來的內容充斥著我反對使用的那類廉價用語，但那是有代價的。在社群媒體上張貼尖銳的評論也許看似無害，但若是經常閱讀這類帶有冷嘲熱諷、易於引發憤怒的貼文，人也會變得麻木。隨著憤怒而來的還有同理心的匱乏，以及前文所述的複雜思維。

人性在數位時代並未改變。不過，少了感官的接觸，加上匿名的出現，使得人們放下拘束，做出最醜陋的反應。有些人私下在網路上會展現出截然不同的面具人格。有時，網路上的面具人格膚淺、粗魯甚至冷血，本人卻很親切包容。我不認為過著那種雙面生活會帶來很大的力量，反而會導致沒發展完全的面具人格出現在兩個世界。

觸覺世界與網路世界之間的衝突有可能會帶來毀滅。在網路上使用可憎或衝突的語氣，最後就會突然炸到自己。有些人發了一則無禮或時機不佳的評論，就失去工作與名聲，有時後果之嚴重，有失公允。新聞台的電視主持人在政治鬥爭期間在 Twitter 上做出情緒化的回應，這很常見，畢竟政治就跟金錢一樣，會引發激烈的情緒。主持人用了輕微的髒話，新聞台就把他解僱了。新聞台可能是對收視率不滿，找了個藉口開除他，同時萬一需要解僱政治立場相反的某個人，也有了代罪羔羊。他無意間給了新聞台理由處置自己。不要成為那種人。有很多人在網路上把私人生活、事業、政治都混在一起，我自己也是這樣，而這有如易燃的混合物，請謹慎應對。

我反對網路匿名。在某些情況下，匿名有意義，也有其必要，吹哨者即為一例。不過，在許多情況下，匿名反而會變成一種手段，造就不用擔負後果的冷血態度。在網路充斥假消息與酸民的這個時代，我認為網路上的對話者只要使用經驗證過的真實姓名，就應該收到某種「藍勾勾」。

在此建議大家，不僅自己要使用真實姓名，還要只跟使用真名的人們互動，至少在政治議題或其他熱烈討論的議題上要採取這種做法。請謹記一點：匿名是一種假象。如果有人想找出某個社群媒體帳號背後的人是誰，只要想要知道的動力夠強，通常都找得到。

要提高言論能力有個好方法，就是不要在社群媒體上發表不必要或毫無來由的評論。我積極使用Twitter、Facebook、Instagram，覺得它們是絕佳的工具，方便跟讀者保持聯絡及公布案子。然而，我留意到一點，很多人在社群媒體上對於電影、政治人物、別人的貼文，做出不必要的評論或抱怨。我不是要大家不去評論或抱怨，有時那些話很好笑又揭露真相。然而，超過某種程度，這些話就成了嘮叨的廢話。我有時會張貼政治評論，就算用詞審慎，還是會造成分裂。不過，即便常有人提出的政治論點跟我一樣，我依舊努力謹慎發言，自問：「有必要說嗎？」

我在社群媒體上幾乎從來沒有封鎖過人，我的評論全都是公開的，只是偶爾會刪除好友或取消追蹤別人，而理由很具體又簡單：第一，如果你的目標是要辱罵或羞辱一般人，或只是要引起騷亂，那你就出局了。第二，如果我幾乎從來沒聽過某個人發表意見，而那個人只會對政治文章嚴厲批評，或者溝通是用謾罵的方式，那我會騰出頁面空間，好讓別人發言。我在網路上不採取「什麼都能接納」的政策。我努力採用有建設性的論調，並且期望對方也是如此。

別寫進電子郵件的話

數位媒體具有快速與不可挽回的特性，因此必須先考慮到有些機密電子郵件與內文會被不對的人讀到——有時正是你評論的對象。我的手機就曾經被駭過，內文被人讀了。我對自己寫出的內容無不贊同，也不使用極端的用語，但那樣還是很刺耳又侵擾。你也許有過這樣的經驗，無意間讓某人看到你寫的一封或多封電子郵件，也許你正好在信中寫到關於他的事情，而他本該排除在你的寄件名單之外。我知道至少有兩個人因此失去工作，而這兩個案例的懲處都有失公允。

無意間讓某人看到你的電子郵件，而對方也許剛好是來往信件中提到的人，這件事確實很有可能發生。各方在討論某議題的時候，會廣為使用寄件名單與轉寄功能，因此信件中很可能會提到各方。因此，你評論的人很有可能是你信件的不速之客。電視製作人曾經針對我管理團隊裡的某位成員做出稍微尖銳的評論，他不小心把我納入寄件名單，結果不太糟，我們全都處之泰然。不過，你也想得出那可能會有什麼後果。再說一個真實故事：幾年前，我在按下某封工作電子郵件的「寄件」鈕前遲疑了一下，有什麼讓我停了下來，把沒必要提到某人「瘋狂」的文字全都給刪掉了。然後，我按下寄件鈕，這才發現那些刪掉的文字所指涉的對象**就在寄件名單裡**。這感覺就像是州長給了我緩刑，我當下發誓，永遠不忘記這件事。

有位出版界高階主管曾經對員工說，不想在法院證人席大聲唸出來的話，就永遠不要放進電子郵件裡。這是很好的習慣。這不是要人提心弔膽，而是要人無論是講電話還是面對面，都一律使用莊重的用語，克制較容易冒犯到人的交流方式，這樣也許會讓你傳達的訊息更明確。

退一步，累積幸福紅利

本章想以個人記事做為結尾。二〇一八年，我的著作《奇蹟俱樂部》出版後，我離婚了。我學到許多教訓，其一就是務必日復一日、時時刻刻關注別人有哪些小需求、哪些事情會帶來慰藉，包括你說的話，或者沒說的話。

如果在看似很小的需求上，把配偶放在第一，那就能長久維持幸福的婚姻生活。這是我給每對夫妻的建議之一。我們太常把那些會帶給自己慰藉的事情——食物的選擇、度假地點、鬧鐘設定、住家溫度、用餐時間——看得比別人重要，這樣會慢慢磨損掉善意與信念。我們每個人都能每天付出心力，在這些事情上面讓步給另一半，這樣累積起來的紅利會比表面上還要多。

習慣❻

遠離冷血者，讓自己更強大

誰讓你呼吸不了，
就該拋棄。

雖然聽來也許苛刻，但我認為我們在精神的文明社會裡太過強調原諒與接納。首先，務必要實際遠離冷血者或令你耗費心神的人。若有親戚、家長、上司、同事、「朋友」會嘲笑貶低你，或長期用被動型攻擊的方式對你說些刻薄話，那你再怎麼自我接納，再怎麼接納別人，也無法提高自己對那些人的免疫力。

在人性上，敵意是十分普遍卻又認知不足的一件事實。與其分析敵意、理解敵意，不如**遠離**敵意，還比較重要。人無法在長久的敵意下存活下來，也不應該覺得自己該這樣做，這好比室內盆栽植物沒有陽光和水就活不了。此種情況既不自然，也沒必要。涉及原諒、理解、接納的問題，無論對象是自我或他人，也要等你到了安全處，身心有所保障，再去探討。

一九四五年，希爾寫道：

> 哪個人物、哪種處境會稍微導致一個人覺得自己是次等的，或達不到他有意達成的目標，那麼他就要遠離該人物和該處境的影響所及之處。正向的自我在負面環境下無法茁壯。在這一點上，不可以找藉口讓步，不遵守的話，肯定會毀掉成功的機會。

有些人基於家庭關係或經濟需求，覺得自己離不開冷血者。我對此深感同情，並提出以下三條準則：

1. 確定你感受到的關係是真實的，不是虛偽的。不能把「害怕別人反對」當成合理藉口來維繫自己跟冷血者的關係。對方若是反對你遠離的決定，你們就稱不上是真正的關係密切。每一個決定都會造成影響，不過遠離冷血者所帶來的正面結果幾乎都必然超過負面後果。不要讓別人的批評妨礙到你，若有妨礙，也是自己創造出來的。

2. 如果確定自己真的想遠離，卻因經濟或其他因素而被束縛住，請先發誓自己會打從心底遠離對方。自己要認知到對方的冷血，並承認其荒誕又有害的本質。不要把你的做法或想法告訴別人，不要把你的見解透露出去。**冷血者總是會巧言否認**。冷血者就是靠這種方式抓住你不放。只要認知到這點，你就會變得更強大。

3. 發誓要儘早抓住機會遠離冷血者，並視之為再真實不過的事實。機會終究會來的，也許會比你所想更快到來。這是因為宇宙習慣的力量——前言已提及——會持續增長。只要把自己放到這種模式下，按照步驟去做，拓展可能性與行動的機會就會來到眼前，支撐著你。不過，第一個關鍵步驟就是確定這是你想要的。

離開，讓身心靈獲得自由

我將廢奴英雄弗雷德里克．道格拉斯（Frederick Douglass）視為傳達普世道德觀之人。我想講述他人生中的一則故事，儘管該則故事必須放在歷史背景脈絡下理解，但仍舊為每個時代、每種情況下的人們帶來關鍵性的教訓。

一八一八年，道格拉斯在馬里蘭州誕生為奴，小時候就跟母親分開。偶爾，母親會從另一座農場走好幾英里的路，搖著他入睡，或把手作的薑香蛋糕送給他。道格拉斯靠著自學長大成人，他想逃到北方，決心不要自滿於接受冷血工頭的職務。不過，就在一八三四年一月、道格拉斯的十六歲生日前夕，他被送到愛德華．柯維（Edward Covey）

那裡，這人是當中最惡劣的奴隸主，當地人都說他「馴服了黑人」。

被送去科維那裡的前幾年，道格拉斯在巴爾的摩當家僕。在城市生活的表面禮節下，奴隸身分的擔子——飢餓、挨打、日常的羞辱——減輕了一些重量。巴爾的摩家庭的女主人短暫教他閱讀，但後來她丈夫突然終止課程。不過，道格拉斯發現有些方法可以不斷累積識字能力，不管是什麼書籍或報紙碎片，找到了就去讀。不久，巴爾的摩家庭重新整頓了家裡，道格拉斯便回到了農場生活。

馬里蘭州聖麥可的新主人起了疑心：「十幾歲的孩子嘗過城市生活的滋味，還能在農場工作嗎？」他選擇用殘忍的方式來找出答案，於是在一八三四年的開端，把道格拉斯「租借」給柯維一年。柯維是個器量狹小又冷血的農人，老是捏造過錯，想方設法痛打道格拉斯。道格拉斯被揍得很嚴重，逼得他八月就偷偷逃回聖麥可的主人那裡，懇求主人保護他的安全。這位年紀尚小、瘀青未退、黏著血漬的男孩被打發走了，只能回到柯維的農場。道格拉斯到了農場就從白天躲到晚上，他躲在柯維農場外的樹林裡，不曉得該怎麼辦。

柯維嚇了一跳，道格拉斯竟然回到農場。*毒打又開始的時候，道格拉斯站起來反抗。早上兩個小時，兩個男人扭打成一團，柯維占不了上風。這位奴隸主人控制不住十幾歲的孩子，覺得丟臉，最後說夠了，不得不退讓。在道格拉斯的眼裡，那是內在革命的一刻，此後他永遠不會再退讓。他寫道，他的自衛行為使得他的心智與心靈獲得自由，讓他得以等待機會，終於身體也獲得自由。

就算道格拉斯在三本回憶錄都表示，反抗柯維是他人生中的轉折點，但務必留意，他其實有長達四年多的時間都沒有逃跑。他在一八三六年擬好計畫，接著被抓到，最後到了一八三八年九月才成功從巴爾的摩逃到紐約市。不過，道格拉斯寫道，他主張自己身而為人的那天早上，他的心靈是自由的。

我永遠不會用這個殘酷者與奴隸的故事，去愚蠢地過度推測今日多數人閱讀這些文字後的感想，那樣會是荒唐的不當挪用。同時，有個普遍的道德故事出現在道格拉斯的文字裡，而我認為他除了是廢奴派與傳記作家外，還是倫理學家與哲學家。如果你細心閱讀的話，就會察覺到我很努力把他人生故事的教訓放進本章開頭提及的三個要點。

選擇掌握在自己手中

如第一個要點所述，公允點來說，離開的後果可能會超過你願承受的程度。我的用意是要認可**那個決定是你自己做的**。在這脈絡下，我想要說說自己是怎麼建議鄰居和家庭友人的。

二〇一二年，珊迪颶風席捲紐約市，很多人停電好幾天或好幾週。有個朋友，就稱她卡蘿（Carol）吧，她跟年紀尚小的兒子困在位於高樓層的住處，兒子還發燒了。沒有供電，沒有電梯運作，也沒辦法放兒子一個人。丈夫出了遠門，所以她做好安排，想把兒子帶去跟公婆住，公婆住在長島的豪華高樓，供電正常。這似乎是個完美又必要的解決方案。

不過，正如卡蘿所言，她之前跟婆婆的相處有問題，婆婆冷血又冷淡——卡蘿個性成熟，所以她的說法我會認真看待。就算卡蘿盡全力當個體貼的客人，但婆婆每次都讓

＊我把寫在《美國超自然》裡的完整片段完整收錄進來；那本書我著重於描寫非裔美籍的巫毒魔法傳統。

卡蘿和她那正在康復的兒子感到不受歡迎又打擾了人。卡蘿一度對婆婆說，請試著理解這種情況有多辛苦，她很需要婆婆寬容一點。婆婆突然這樣回答：「對我來說，這件事也不輕鬆愉快。」

卡蘿在那次經驗中覺得很受傷，還想起了其他幾次婆婆表現得無禮或有敵意的情況，她自然很沮喪。治療、靈修或心理勵志的書籍她並不陌生，多年來都試著要導正情況，結果卻是徒勞無功。

我對她說：「卡蘿，你有沒有想過要遠離這個人？如果她的行為長久以來都很有敵意，你可以不去假日聚會，不做其他的接觸。那樣可能會帶來一些後果，但是你早就在承受後果了——你很痛苦。為什麼還要待在她身邊？」

她解釋道，她希望自己的兒子在家族裡長大，有成人可以做榜樣或可以依靠。我指出，她婆婆不是那種人選，她的兒子在生活中已經有了很多態度正面的成人。

我看得出來，她知道自己有選擇以後就有了精神。我覺得自己不該進一步逼她接受這個論點，也認為她並沒有遠離婆婆。不過，我希望友人能意識到更開闊的可能性。只要知道**選擇掌握在自己手中**，不管怎樣都永遠能重新開始或重新討論，這樣就能帶來強大的力量。**你不是非得待在冷血者身邊。**

解決方案就是邁開步伐

一旦決定遠離冷血者，就會發現人生在諸多層面竟都獲得了改善。在許多情況下，你會重新發現自己有幽默感、脾氣溫和、可靠、穩定。我竟也觀察到一點，只要待在合適的同伴身邊，那麼性格、創傷、失能或過度敏感——冷血者通常會用這樣的指控來控制你——引發的諸多問題就會突然迎刃而解。

在我看來，我們的治療文化——在許多方面上都是正向的——會對許多人反覆灌輸以下的迷思：除非解決心理上的根本原因，否則問題就會長久跟著我們。在若干情況下確實如此，但在許多案例中，孩子與成人都只不過是待在錯的地方罷了。他們待在不對的公司，可能感到被霸凌、被誤解、被鄙視。只要環境改了，個人和事業就會產生戲劇化的改變。

在我過往的住處附近，有些鄰居不會替別人著想，或懷有敵意。我用盡方法想改善關係，卻以失望告終。我在紐約州北部地區有過一棟湖邊房子，我開車北上，剛看見鄰居的車子停在他家車道，就感覺胃部一緊——我明明是來這裡放鬆的啊！他長期侵犯我們的財產，帶來噪音、煙火、聚光燈、群眾，還經常語帶諷刺。從心靈上的正向思考到豎起高聳的圍籬，我全都試過了，沒有一種方法可以帶來莫大的改變。等我終於搬家，才覺得真是太好了。我待在不對的環境啊。我也很清楚，搬家或斷絕關係不一定總是可行。我都買那棟房子十五年了。不過，還是希望大家明白，有時唯一的解決方案就是邁開步伐。

習慣❼

選擇對的戰友，提高生產力

個人是複數。

二〇二〇年三月號《時尚》（*Vogue*）雜誌刊出流行明星比莉・艾莉許（Billie Eilish，俗稱怪奇比莉）的長篇專訪，它選擇這位創作歌手做為反映及推動年輕人文化的一大重點。該篇專訪的插圖豐富，多位時尚攝影師拍出了迷人的艾莉許，還有俄羅斯歌迷創作的一張漂亮作品，文中探討這位十幾歲歌手經歷的憂鬱與疏離，以及她與年輕歌迷之間在心理上的連結。

艾莉許很難叫人不去敬佩，她有著不造作的優雅與脆弱，成了人們無法輕易轉移目光的人物。不過，當我閱讀這篇專訪時，我必須不斷提醒自己，這個人剛滿十八歲。我在寫這本書的時候，大家都在關注她的發言，但她不過是才剛離開了童年。艾莉許的魅力在某種程度上是拼合起來的結果，我這樣描述並沒有貶意。她的音樂展現出富有表現力的不凡嗓音、巧妙的歌詞、獨特的極簡電子音樂。然而，這位明星——不論結果是好是壞——是由她身邊的每個人組合而成的人物，包括家長、經紀人、製作人、採訪者、攝影師、《時尚》雜誌作者與編輯。

在各種方面，這是所有人的真實寫照。在商業上、工作上的生活是如此，在道德、親密、有創意的生活也是如此。因此，我才有了靈感，定下此章的標題：「選擇對的戰友，提高生產力」。二十世紀義大利小說家伊格那席奧．席隆尼（Ignacio Silone）表示，人一輩子最關鍵的決定就是「選擇戰友」。

好的戰友，改變工作與生活

多年來，我以電視節目主持人與作家的身分努力有所突破，跟幾家製作公司拍了一集又一集，然而在那裡卻沒交到幾個朋友，志同道合的夥伴和敬業的合作對象並不多。雖然辛苦工作，但成品總是普通。不過，二〇一八年末，我遇見一組製作團隊、導演、編劇賈桂琳．卡斯特（Jacqueline Castel），我覺得所有東西經他們處理後，質感都有所提升。我跟這些人一起工作，創意氛圍也隨之起了變化。這些人包括了經理拉洛．貝倫（Lalo Barrón）、製作人尚恩．杭特利（Sean Huntley）、攝影師賴瑞．布薩卡（Larry Busacca）、導演朗尼．湯瑪斯（Ronni Thomas）。這些變化不僅影響了我的工作生活，也影響了我的私人關係。

前一章探討了住在不適合的鄰里——實際上和比喻上——會有何種後果。那種情況會讓人不斷質疑自己，人們把你打得措手不及，只能忍受那些低水準或不尊重的行為。切勿為此怪罪自己，那是普遍的人類問題。首先，人的理智跑得比情緒還要慢，因此無論是面對隱約或直接的侵犯行為，可能都會覺得不知所措、被打敗了，所以才更要自行決定所處的環境。

多年前，在某個電視談話節目，運動人士與社會評論家米開朗基羅．西諾里爾（Michelangelo Signorile）回應年輕觀眾的來電，該位觀眾說，他是同性戀，住在小鎮上很痛苦，鎮上的人是強硬的基本教義派。我把西諾里爾對他說的話改寫如下：「你很了不起，你沒有問題，不要聽那些瘋子的話。先找到哪個大型或中型的城市，一有機會就趕緊搬過去，創造自己的人生。」

我非常贊同他的回答，原因比表面上顯而易見的更多。在我看來，我們無意間花了大把時間精力在長久（且通常很耗神的）反思及自我分析上，但真正必須做的往往是改變場所及「選擇戰友」。

少年時期，我從皇后區搬到長島，那裡的氣氛古板壓抑，只要從常態範圍裡頭往外跨出一步，無論是音樂、裝扮，還是任何一種自我表現，都要承受鄙視的眼神。我一直以為是自己需要修正，直到我青年時期回到紐約市，那些感覺才大幅減少。今日，每當那些感覺重新浮現，就會發現自己往往是待在不適合的同伴身邊。尋找適合的同伴就是跟隨志同道合的人。聽來簡單，碰到的干擾卻很多。我們面對的一大阻礙就是我們有時會閃躲**自己聲稱想要的事物**，現在就要談這點。

好同伴寧缺勿濫

哲學家對此早就有所評論，人會把內心最大的恐懼化為真實。在《伊底帕斯王》（*Oedipus*）這則希臘神話，有預言說國王會殺死父親、迎娶母親。國王對於自己的命運十分恐懼，魯莽行動，反倒致使預言成真、罪行曝光。《伊底帕斯王》是描繪人性的一則重要寓言故事。我們一再觀察到人們是如何創造出內心最大的恐懼，把支援系統推開，從事有害的行為。雖然我們能分析這種現象發生的**方式**，但要理解發生的**原因**，那可就不一定容易，若是帶著相同的恐懼更是難上加難。

我沒解開伊底帕斯王的難題。不過，根據我的觀察，人會不經意閃躲內心渴望的關係或自稱渴望的關係，主要是去**過度代償***自身感受到的缺陷或不足之處。舉例來說，人有時會急於加入同儕團體，太過強迫別人接受自己，反倒顯得沒吸引力或煩人，例如打斷談話，把談話內容拉回自己身上，做出討人厭的批評或評論，總之就是做些事情來突顯自己，實際上卻是惹人厭。跟這有關的還有個現象，有些人會尋求**負面關注**，突顯自己最扭曲的特徵，無意識（又無用）地引起別人的協助或同理心。

在追尋想要的同伴時，過度代償會是最差勁的盟友。

尋找適合的同伴時，要仔細觀察自己想要的同伴，並從對方言談的內容、聲音的抑揚頓挫、興趣、幽默感、價值觀、有同感的事物，來了解對方發出的信號，確定對方是你真正想要的同伴。若降低自己的標準或刻意改變對方，不僅毫無吸引力，也是不誠實的表現。我心目中有位英雄是一九九三年離世的文學評論家與民主社會主義者艾文・豪爾（Irving Howe）。雖然他對於我日後投入的靈性題目毫無興趣，但我從他的身上學到很多。他的追思會結束後，他的同輩朝我走來，抓住我的手，然後說：「米奇……**標準**。如果要從艾文那裡學到一樣東西，那就是標準。」他的話我從沒忘過。人在私人與事業上都應該保有不可退讓的底線標準。請了解別人的底線標準，這不是為了批評對方，而是為了認清真正有同感的事物。如果你欣賞某個人，請不要害怕說出口。太多人以為「酷」的意思是「冷淡」，其實「酷」的意思是「自我決定」。切勿隱藏你的標準，而要是有人合乎或超乎你的標準，也不要害怕把熱忱表現出來。

最重要的一點，切勿勉強自己接受低劣的同伴。我懂那種寂寞帶來的痛楚，因此我能以十足的同理心說：「孤單一個人崇高遠勝於跟不合適的朋友一起墮落。」青少年也是如此。若能接受崇高的寂寞感，等待不可或缺的人來到眼前，那麼吸引到合適的朋友或情人，在機率上就會高出許多。我很清楚遵照這個建議有多困難，卻也曉得回報會有多豐厚。

＊編注：一個人在身體或心理方面有所欠缺，進而採取過度的補償行為。

不要執著於不適合的關係

配偶或戀人要是會讓你難以感受到被重視或尊重，就應該跟對方切斷關係。就算有了最佳「策略」去應對，你永遠也無法得到你想要的，只是往後拖延你的停損點罷了。如果發現自己執著於請教朋友（或塔羅牌）來分析配偶的行為、計畫你的下一步、解釋配偶透露出的信號，那就表示你很可能待在不適合的關係裡。有些人會用難以理解或耍小聰明的言論隱晦地暗示，而猶太教法典《塔木德經》反對跟這種人深交。還有一點更重要，請謹防密友基於他們的動機而去推翻你、隱瞞你或讓你心生疑惑。

如果另一半很明顯沒有珍惜你，你要切斷關係，這樣自我感就會提升許多，你在別人眼裡也會更有吸引力，接下來還能繼續尋找適合的關係。利用策略是建立不了關係的。說到在感情關係裡利用策略，就會想到普魯士陸軍元帥赫爾穆特・馮毛奇（Helmuth von Moltke）曾說過的話，在此轉述如下：「每項計畫一碰到敵人就會立刻失敗。」

我交往過的某位對象，她對我倆的關係感到矛盾。她想跟別人見面約會看看，而我不想。有一天，我忙著趕截稿日，她打電話給我，提起這件事，她顯然很想這樣做。時機很怪，畢竟我們才剛共度一段很滿意的時光，她還傳了一堆深情的訊息給我。我心想：「我們想要的東西不一樣，從這樣的信號中，我知道自己應該終結這段關係，或者最起碼要分開一下才行。」

我跟心理醫師和某位好友談過了，兩人都建議我冷靜下來，不要採取任何動作。於是我冷靜下來。之後，我同意她的提議，我們倆分別跟別人見面約會看看。不久之後，她唐突地寄來一則簡訊，要跟我分手。（沒錯……兩個成年人用簡訊分手。）雖然很痛苦，但那樣最好不過，畢竟我後來遇見了一個人，跟對方的相處情況融洽多了。

就算心理醫師與好友都希望我幸福，但是我的第一個直覺果然沒錯——這段關係再也無法往前邁進。如果你也有同樣的感受，那你的感覺沒錯。感情關係要是不時出現痛苦或疑惑，就表示處於慢動作的死亡漩渦裡。我從沒見過例外情況。在約會與戀愛上，人通常會讓自己承受無益的折磨，以為死灰可以復燃，以為自己會後悔失去情人。最好果斷採取行動。病態的執迷、制定策略、跟朋友商量，都取代不了你所追求的親密關係，反而會造成阻礙。

了解自己的真正渴望

當然了，你必須自問，在朋友、合作者、另一半的身上，你真正渴望的到底是什麼。有時，我們會對自己說，我們想要某樣事物，但其實不然。我見過有些朋友聲稱想要穩定的戀愛對象，卻一直跟不穩定或不成熟的人約會，那樣肯定要喝醉訴苦，延後展開任何一種有意義的關係。我自問，他們到底是真的想跟某個人在一起，還是想要戲劇化的情節與爭執，甚至是想要獨處，而這樣的選擇其實也不錯。

我們很少會去質疑自身的行為模式及其帶來的結果，以為重複行為能反映出自己真正想要的事物，其實反而會誤導人。在重複的行為下，你得到的事物並不是你聲稱想要的事物。如果你看見某個人長期惹怒家人、朋友或配偶（或可能是你）起爭執，那麼爭執帶來的刺激感也許才是他所探求的。對方永遠不會認知到這點，也沒有必要。不過，只要問自己：「那樣會實現什麼結果？」知道了實現的結果，往往就能得知動機。若行為已形成模式，就更能認清動機。我有個家人常在沒人刺激、沒人挑釁的情況下就拉開手榴彈的保險，說出的話或做出的事只會引發衝突、傷害感情。不是什麼極複雜的情況使然，也不是什麼錯綜複雜的微妙心理，人就是喜歡衝突與爭執，不惜自毀。你千萬不要這樣。誰有那種行為，就該跟對方切斷關係。

一九六三年，約瑟夫．墨菲（Joseph Murphy）寫道：「要得到幸福，有個很重要的要點，必須由衷渴望幸福才行。」聽來也許很像是愚鈍的主張，大家不都想獲得幸福嗎？但再想想看，負面情緒令人上癮，還帶來陌生的刺激感，有如搭乘雲霄飛車或觀看恐怖電影。負面情緒會引起關注，即使是負面關注也好。因此，受害者或霸凌者的角色才會有密切的關聯，甚至是同一人。在獲得幸福以前，必須先確定自己真正想要獲得幸福。不要倚靠設想，請探究自己的心理與行為。

學會維繫關係

所謂選擇合適的戰友，有一部分是要懂得維繫關係。人與人之間的化學作用是很少見的，請好好保有這樣的關係。

衝擊合唱團（The Clash）從以前到現在都是我心目中的重要樂團，共同創團人與音樂家喬・史喬墨（Joe Strummer）在二〇〇二年離世的幾年前，對一九八〇年代初的樂團解散進行反思：

無論是什麼團體，都是靠四個人產生的化學效應讓團體順利運作。大家都應該學到一個教訓：不要亂搞一通。如果順利運作，就順其自然……為了讓團體往前邁進，不管得做什麼就去做，就是不要亂搞一通。我們經歷了苦澀的過程才學到這個教訓。

懂得設立停損點

當你擁有了高生產力的合作關係，不要理所當然以為這種關係可以複製。正是因為經歷了一場場必然發生的爭執，這段關係才值得保有。在某一刻，你可能必須放下合作關係，不過請謹慎為之。確定你的人生和工作都有一些正面的事情正在發生，可以自然而然把你正在放下的事物取代掉。

根據我的觀察，不要理所當然以為新事物會到來，要讓新事物先展現出來或至少先萌芽。然後，就可以鬆開或切斷舊有的來往與合作關係。豐饒的關係要是破裂了就無法重建，所以切勿魯莽地終止合作關係。當然，我給的建議只適用於有生產力的關係，不適用於那種基於害怕改變而緊黏在一起的合作關係，那種關係向來應當放棄。

習慣❽

用對金錢，帶來力量

只把金錢花費在可以增強賺錢能力的事物上。

除了性以外，沒有一個議題會比金錢還要更令人不知所措，更易激起情緒。人人都想要更多錢，人人都跟金錢有著複雜的關係。我不是什麼金融鬼才，不過我是全職的藝術家（與前出版界高階主管），跟人一起扶養兩個孩子，支付自己的健康照護費用（別逼我開口聊這個），以有收益又負責的方式管理自己的資產。我可以跟大家分享我相信的事情、我發現的事情。

首先要說一點，金錢花得好、存得好就可帶來**力量**。這點自是無庸置疑。金錢帶來尊重、關注、恐懼、服務、特權。金錢也許買不到愛，卻買得到美好的環境、教育、藝術、影響力、健康（在某些情況下），甚至是色情。金錢可用來資助專案，金錢可買下你正在讀的這本書，金錢是主導權，是力量，是政治的媒介。金錢具有無窮魅力，僅次於性。不用理會盲目樂觀者抱持的金錢態度，那些聲稱不在乎金錢的人往往可經由家庭關係、配偶或其他方式悄悄取得金錢。大家**全**都在乎金錢。

多年來，我否認自己跟金錢有著重要的關係。我動作太慢或太膽怯，沒能要求對方給我適當的薪資，沒能用及時、負責、透明的方式提出要求。這種做法害我的收入升不上去。

仔細審視自己的金錢態度

約瑟夫．墨菲在《潛意識的力量》（*The Power of Your Subconscious Mind*）一書中寫道：「我認為多數人的薪資都不夠高，很多人之所以沒有更多的金錢，原因之一就在於他們都默默或公開去指責金錢。」我很認真看待這句話，我觀察到自己也有這種態度。在出版職涯期間，我多年把金錢視為次要，也許是把金錢看成是妥協的象徵吧。結果，我好幾年的薪資都未達標準。

我在出版業工作將近三十年，標準年度調薪我都接受了，沒有提出任何實際的質疑，也沒有談調薪幅度，直到職涯晚期才終於決定要求薪資必須反映出我替公司帶來的進帳。二〇一二年初，我寫備忘錄，清楚列出我出版的書籍淨利率，還列出我為提高出版商獲利而採用的各種方式。（還有一項成就我十分自豪，二〇〇八年經濟衰退時與過後，我擔任總編期間沒人被解僱。當時，博德斯連鎖書店〔Borders〕破產，出版業利潤縮水。）我說出我想要的具體薪資數目和職位，而我也拿到了。多年後，我對自身貢獻的不適當評價終於反轉過來，更因為此舉擺脫了嚇人的負面金錢態度。

仔細審視自己的金錢態度。好比關係，我們有時會對金錢懷有根深蒂固的矛盾態度，卻沒有去審視，甚至沒意識到。你應該要確定自身的觀點有沒有任何一面會阻礙你成功理財。

慎重對待合作邀約

二〇一七年末，我擔任全職作家與講者維持生計，此時有個跟金錢有關的問題重新浮現。別人請我發表演講或寫文章，我往往太快答應。有時，財務與運籌問題還沒完全解決，我就大致上答應了。我花太少時間詳細審閱對方提出的確切條件，例如金錢、時間、支出、權利、創意的掌控權等。寫文章的時候，我沒有討論文章的刊登位置，比如登上封面。基於恐懼，我太快「答應」一堆事情。我急於打造事業，急於確保自己能謀生，所以有時是衝動答應。

這樣是濫用敏捷原則，下一章會更完整探討。我這樣並不是行事果斷，反倒完全相反。我太快答應，導致有時要跟效率低或沒活力的人一起共事；我答應了酬勞太低的邀約。等到二〇一九年末，我才開始大幅度拋棄那些以各種方式支配我多年的習慣。

當你收到某項案子的邀約，你的處理方式必須在熱切與冷靜審視之間達到平衡。**切勿不尊重對方的邀約**。沒有及時確認自己收到邀約，很不尊重。如果有人用電子郵件寄來工作邀約，就算需要時間考慮，也要立刻確認自己收到信。我曾經用電子郵件寄工作邀約給某位作家，對方沒確認收到信，就算我後續詢問了，也不回信。當天結束的時候，我收回信件。就在那一刻（驚訝吧），對方回信說了某個奇怪的藉口。我重提工作邀約，也談成了。後來他沒能交出水準尚可的書，沒能達到有意義的合作。不尊重工作邀約的人，無法信任他們會尊重工作關係的任何層面。

同時，應該仔細檢查工作邀約的內容。如果覺得有改善或談判的空間，一定要提出來。只要態度尊重，對方就會或應該會有所回應，做一些調整或解釋。我也許帶有偏見，但大致來說，大部分出版社提出的樣板條件通常都很合理，因為美國的出版合約都相當制式，是業界長期協商積累下來的結果。我在企鵝藍燈書屋期間，對契約的透明化很引以為豪。因此，在文學工作上，我認為不一定要有經紀人，但我也承認，一般的長期出版合約十分難懂，而且條款之間多半不太相關。

當然，有些時候很快「答應」是有根有據的。你基於一些理由覺得自己收到的工作邀約不錯，而且對方正直又不拖延，那你就會很快答應。我在出版職涯提出的這類工作邀約少說也有數十件之多，對方很快答覆的話，我總是心存感激。本能上覺得工作邀約和合作關係很不錯，並不是流於天真。這句話的意思並沒有牴觸到我剛才提到的檢查，雖然和前述論點有些矛盾，但仍值得看重。一切都很完備的時候，別愚蠢地堅持始終如一，不積極答應。

一位來自南非的律師曾經對我說，握手的作用大於合約，因為合約的作用就只是減輕風險，並不能拿來預測良好的關係。如果你看待合約的態度是為了控制關係，那你確實已經有麻煩了。合約僅能用來減少你的損失。根據這位律師的原則，你對另一方是否值得信任而產生的感覺也跟文件一樣重要，或更為重要。正直的人會準時付款並遵守合約，而且不管怎樣，一張紙永遠無法改變這點。我相信這個原則。然而，必須謹慎為之，不要過度運用。穆斯林有句話說：「信任阿拉，但駱駝還是要綁好。」答應與否取決於信任關係，而答應的內容有時必須謹慎處理。

一旦同意了條款，就必須把自己看成是在同一個團隊裡。只要在書面合約簽了名，那麼除非違反條款，否則就必須把合作者或贊助者視為夥伴。如果簽署合約後才採取反對立場，就會危害到案子。有一次，我帶一位剛簽約的作者出去吃午餐慶祝。我們去了昂貴的壽司餐廳，剛進入雅座坐下，我外套還沒脫下，他就對我說：「首先，我只想說，就這本書來說，我覺得付我的錢不夠。」這樣不僅失禮，也證明了壞兆頭總是不會錯，他沒能交出水準尚可的書，案子也取消了。

經營自媒體的六個建議

我寫的這些議題在新時代世界裡引起了不少聲浪，而我在那個領域是以作家、講者、前出版人的身分活動。在非主流與傳統的靈性圈，有些人對金錢採取不太誠實的態度與做法，包括我在內的很多人都認為這還滿諷刺的。在貿然提出更概略的理財建議以前，假設很多人讀了這些文字後，跟新時代與治療靈修的世界產生了某種連結，那我想就自己在該領域的探索提出一些觀察。

在身心靈領域，有很多人很想辭掉正職工作，成為下一個新時代思想大師狄帕克・喬布拉（Deepak Chopra）、瑪莉安・威廉森（Marianne Williamson）或東尼・羅賓斯（Tony Robbins）。不過，務必要考量到一點，除極少的例外，許多的新時代「明星」都過著瑪莉安・威廉森（Willy Lomanesque）的生活，亦即不斷出差、膳宿不好不壞、很慢收到款項或金額很低。有些人想出各種賺錢方法，舉辦演講、巡迴、會議、數位活動，在過程中販賣大量書籍與影音課程，大打批發折扣價。不過，說到要那樣賺錢，我們多半沒那種本能，或者坦白說就是沒那種渴望。首先，光是不斷在外奔波就會讓人沒有太多時間從事高品質的寫作。

多數在形上學巡迴活動中有實質突破的講者與作者會發現，大肆宣傳週末活動——可能需要數小時的交通時間並參與工作坊——總共可賺得五千美元左右，不壞，但不是搖滾明星級的費用，而且還要牽涉一堆後勤工作，有時要由志工或職員處理，而那些人不太算是旅館管理學校的一流畢業生。我待過的客房有些會漏水，還有汙漬，我連想都不願多想，畢竟活動籌畫者是直到活動前一天才會預約旅館。

牽扯到金錢的時候，事情就變得嚴肅許多。我再也不會去東北部某家著名的新時代中心發表演講，因為他們連續三場活動都沒付錢，我好幾個月多次打電話、寄電子郵件，都沒收到回覆，最後聯絡到課程主任，課程主任才批准支票。當某件事連續發生三次，就該制定因應方針。音樂家與單人脫口秀經常提到自己被夜店與演出商耍了或被無禮對待，脫衣舞孃與性工作者肯定也有同樣的經歷。嗯，可惜新時代的巡迴活動也沒什麼不同。對方跟你說 namaste（禮敬），卻扣著你的支票，而情況也許會更糟。

出差只會隨年齡增長而越來越辛苦。某位知名富足、年事已高的神職人員以前常在美國境內各地巡迴，她帶著幾大箱的書籍和音訊課程，在活動上販賣。像神祕的碼頭裝卸工人那樣拖著自己的物品，是很疲累的生活方式。不過，許多的成長中心與活動場所都不訂購你的書籍，只准許你在場地販售書籍，有時還要同意對方提出的剝削。此外，這位富足的神職人員是在形上學教會演講，那類教會通常會募集「愛心奉獻」，也就是說，講者的全部或一部分費用是看聚會者捐獻的金額，那樣等於是把拉攏聽眾的擔子交由講者扛下。

有個日益普遍的可行方式我還沒談到，那就是經營你自己的線上研討會、影片部落格、Podcast節目（這領域擠滿一堆人！）以及相關的數位指導或諮詢。前述的網路經營必須發揮優異的才能與毅力，還要製作出高品質的內容。工作量很大，但我剛才描述過的束縛，多半可以就此甩開。

如果你從事身心靈巡迴活動，也想登峰造極，請聽從以下建議：

1. **不要太急於辭掉正職工作**。把你做的事情琢磨到卓越程度，不要立刻把注意力放在平台與受眾上。把品質放在第一。
2. **如果是巡迴工作，你每日的收費與差旅需求要明確**。你跟活動籌畫者溝通的第一個階段就要討論這些事情，不要擔心這樣會把籌辦者給嚇走，會被嚇走就表示一開始沒有資源。
3. **提防免費演講**。有時必須要免費提供服務，好獲得立足之地或累積經歷。然而，一定要了解自己的動機。**因為「免費」通常是代表不受重視**。我曾經前往紐約市某家現已關閉的成長中心，在募款活動上免費演講，後來還不得不花好幾週的時間去追討他們書店欠我的八十美元。

4. 懂得拒絕。與其每年參加三十場普通活動，不如每年挑三場適合的活動發表演講，這樣對自己的鬥志、財務、血壓還比較有益。你的精力並非用之不竭。

5. 不要擔心「休息很久」。有時講者之所以會同意參加活動，是因為他們覺得某一個人來聽了以後，可能就會把他們的訊息散播出去或讓他們的事業有所成就。不過，這種事幾乎從沒發生過。

5. 按照自己的方式做。成功沒有單一的樣板可依循。我之所以喜歡內維爾・戈達德、艾德格・凱西（Edgar Cayce）、佛羅倫斯・斯科維爾・希恩（Florence Scovel Shinn）等早期的形上學講者，是因為他們都是白手起家、自行出版，沒有特定的計畫、平台、品牌或口號。今日，他們全都是傳奇人物。

你也可以藉由真正可靠的演講經紀人或業務經理來處理前述狀況。我現在就有這一號人物在身邊，不過在此之前多年都沒有。你的事業多半時候可能也沒有這一號人物，要花很長的時間才找得到或吸引到合適的人。在過渡期間，你能給心理勵志受眾的最好東西，就是拿你自己對於復原、成就或日常的人生觀當成例子。先培養這方面吧。然後再把目標定得遠大些，而且是按你自己的主張。

我對水瓶時代的創業者已經給了不少建議，現在想要提出適合大家的基本理財建議。在最廣義的金錢管理上，尤其是決定何時買東西，拉爾夫・沃爾多・愛默生在一八六〇年出版的《生活的準則》（*The Conduct of Life*）書中的〈論財富〉一文讓我獲益良多。愛默生之所以是偉大的作家，其一在於他永遠不會怯於實事求是。繼承愛默生哲學觀的威廉・詹姆斯，前言已引用過他的話。愛默生最務實的一些作品（包括〈論財富〉在內）可以說都不是他最厲害的傑作。評論家艾文・豪爾（Irving Howe）在《嶄新的美國》（*The American Newness*）寫道，在這類的作品中，哲學家「只是把複雜的事物……給拖進淺薄的結論」。

我很尊敬這位評論家，他的指責也有真實之處。然而，他的批評並沒有充分考量到愛默生身為作家的勇氣。愛默生覺得自己有義務要直白，要為讀者提供**行動計畫**。假如這種做法會拉低他在哲學上的高度，那麼敷衍搪塞的任何可能性也會被排除。至於該如何實踐他的哲學文章認可的那類自勵生活，這問題愛默生也不會迴避。正是因為如此，他的作品在我眼裡有如燈塔。

在〈論財富〉一文，愛默生聲稱，個人「生來就要致富」。這位哲學家所說的財富並不是在比喻，他指的就是冷硬的現金。不過，他也指出一點，唯有把資本用在有生產力的目標上，累積資本才有益處。愛默生寫道：

每個人都是消費者，也理應是生產者。除非償還自身債務，也對共同財富有所貢獻，否則自己在這世上的定位就不會是好的。對這世界的需求要是沒有超乎勉強餬口的程度，就無法充分展現天分。人天生就開銷大，需要致富。

根據愛默生的看法，**唯有可拓展力量與能力的那種購買行為才能致富**。對拓展無益的財富，等於是被扔掉的財富。愛默生寫道：「反覆進行動物知覺的老實驗，人也無法致富。」只要賺錢、做事、生產、成長的能力增進了，就能致富。只要有正確的認識，財富就是力量。而且財富必須用在可增進自身力量的那些目標上。

那麼，該如何賺取財富呢？愛默生簡要提出三大步驟：第一，先滿足你這輩子沒得妥協、維生層次的需求，而這是遠古的農夫、狩獵採集者、村民背後的動力。第二，真實運用你的特長，廣泛滿足別人的需求。如果你還不知道、不熟悉自己的才能，必須先由此著手，事情才做得成。你的特長應當是卓越的源頭。最後是第三，財富要用在有生產力的用途上，例如：償還債務，複合投資，獲取你那行的工具與才能。唯一可靠的致富方法就是打好基礎並往外拓展。而這類事情也呈現出你的準則與素質正不斷進步。

我在購買前總是問自己：「這能不能增強我這個人？這會不會實現我的目標？」這樣並不是要戒掉娛樂，娛樂是充電及跟別人一起享受人生的重要環節。（不過，就連在這方面，我也是根據自我發展的方針或第一章探討的「擴增」原則來選擇娛樂。）目的型購物的意思並不是要避開那些看似奢侈的物品，像是你很珍惜的衣物。如〈內外合一，活出獨特自我〉一章所述，一件飾品、配件或衣物可提升自我感、魅力、個人表現。只要聰明選擇、正確保養，就是值得買的物品。有位朋友是讀巴黎的時尚設計學院，她跟我說，她的老師每天都穿同樣的香奈兒黑裙來上課。起初，朋友覺得那樣很奇怪，之後才體會到那位老師是在展現以下的原則：與其輪流穿著各種普通的衣物，不如穿一件真正很棒的衣物，展現出自己最好看的模樣。

在目的型購物的範疇，我有時很失敗。我太常外食，有一年我注意到自己在Uber這類外送服務花了太多錢，於是立刻停止這樣做。我發現更常騎腳踏車的話，外食會更簡單、更便宜、更健康。不過我在減少外食次數上就沒那麼果斷了，外食很輕鬆，也是社交的黃金時間。所以要考慮到這點，但前提是不會用到必需品的錢，同時還能還債存錢，現在就來談談這點吧。

先把錢支付給自己

市面上的理財指南多得令人頭暈目眩，有許多是那種「你這輩子需要的最後一本指南」的耀眼書名。在眾多吹捧理財訣竅的書籍當中，我很重視喬治．克拉森（George S. Clason）的《巴比倫理財聖經》（*The Richest Man In Babylon*），這是一本值得信賴的舊書，以幾項簡單的計畫與規則為基礎，在很大程度上奠定了今日的個人理財竅門。書中的教導就像作者一九二六年最初開始闡述時一樣經久耐用。

「先把錢支付給自己」是克拉森入門書裡的中心主旨（且往往被仿效），而他寫成了美索不達米亞帝國一系列的虛構寓言。根據克拉森的看法，至少要把收入的一〇%存起來（如今已是理財指南的標準原則），剩餘的錢要用來減少債務、取得住所或其他投資型地產、購買保險、照顧家人，最後有餘錢才花在生活的娛樂消遣上。

克拉森的做法可說是開明的節儉。他筆下的某位古代人物說：「你存下的每一筆錢就是為你工作的苦工。」克拉森希望讀者能明白，不花錢並不是令人悶悶不樂的行為，而是強大的行動，畢竟錢存起來就能花用，或用於抹去有利息的債務。他不贊同禁欲主義，他知道節儉可帶來舒適感與安全感，但希望大家以冒險精神去管理金錢。他教導的目標就是節儉與安全投資，他自己就是靠著提供節儉與投資方法獲取財富。

二十世紀初，克拉森是丹佛某家地圖與地圖集的出版商，他出版了第一本美國與加拿大道路地圖集。一九二六年，他想出的一個想法在日後挽救了他的財務狀況，讓他的名字成了上世紀極其務實的心理勵志作家。克拉森開始撰寫個人財務管理手冊系列，而銀行、保險公司、證券行大量購入，免費發給客戶。這位製圖師出版的手冊大受歡迎，一九三〇年，他把手冊集結成《巴比倫理財聖經》一書，由他自己的出版公司發行。克拉森出版公司並未度過經濟大蕭條，但《巴比倫理財聖經》活了下來，而後續幾年更是成了大眾理財文獻的支柱。

任何承諾都是債務

克拉森的觀點向來極其有利商業應用，因此在企業界更受歡迎，負責販賣保險、核發房貸或管理存款帳戶的公司自然喜歡他的作品。克拉森認可理財產品及開心工作的道德觀。切．格瓦拉就不是這樣想的。不過，為了方便機構應用，克拉森提出原則性的建議，他的書沒有一個段落是陳腔濫調或不切實際的。

在我看來，該書最有效用的一章是〈巴比倫的駱駝商人〉，講述人務必要償還債務，還了債就有了崇高感，就算是漸進式的感受也好。我因此想起了十幾歲在《先賢德訓》（*Ethics of the Fathers*）這本猶太法典上讀到的一個段落，拉比問學生：「哪種人是邪惡的？」沉思一會兒以後，答案出現了：「借錢又不還錢的人。」這句話必須在多個層面上理解，其中物質層面是無法忽略的。

請謹記在心，債務不只是金錢上的借貸而已，在人生任何方面答應要遵守的最後期限或要做的事情都算是債務。如果你承諾完成工作（看似瑣碎的家務也算在內），或者答應在某個時間出現，就要說到做到。你一定會很訝異，人很仔細注意這類事情，你的理財夥伴、客戶、贊助者都會注意到。無論你是怎樣看待自己，旁人都是以你每天日常工作的倫理觀來評估、定義你。無論你有沒有意識到，也都會體驗到內心對於個人表現與可靠度的感覺，進而餵養憤怒與防禦、尊嚴與公正的情緒。

當然了，若覺得自己在財務承諾上的延遲或拖欠是合情合理的，那很自然就會放過自己：碰到無法預料的處境，難道不應該有例外嗎？這話雖沒錯，但你碰到這類情況應該要始終都很有紀律才對。某位朋友曾經說過：「真正緊急的事情就只有醫療緊急情況。」要把債務、住家設計方案、答應支付某個人（例如約聘人員、廠商、藝術家）的事情往後拖延之前，請先考量以上那句話。

準時償還債務，收穫更多

我確實認為趕快支付款項給別人——尤其是除了按服務收費外、毫無收入來源的藝術家、約聘人員、自營作業者——是特別重要的道德準則。如果你對這些人拖延付款，或者很慢才回覆他們的疑問，那你應該停下來，想像自己的薪水支票或直接轉帳的薪資沒來，上司、薪酬經理或人資部門沒有立刻回覆你，你會有什麼感覺？獨立約聘人員時常經歷這種感覺。

請謹記在心，快速又可靠地支付款項給某個人，這件事是不花錢的，你必須支付的金額不會增加，但你能因此獲得的善意或忠誠是無法計量的。對我而言，再也不會合作和我願付出移山之力的出版社與場地，兩者間的差別就在於付款的責任感與敏捷度。這方面透露出來的事情比付款人知道的還要多。

克拉森闡明了另一項原則：「用存款的兩倍金額來償還債務。」收入的一〇％要立刻存起來，二〇％要用來償還債務。就利息與名聲（以及信用分數）而言，債務本質上就是水不斷外流的排水管。有能力就請徹底清償債務，尤其是信用卡債務。不過，沒有現金流的話，那就盡力以存款兩倍的金額來償還債務，而且還債與存錢都要重視。

有時，人的債務會大於收入。就算是在這種時期，也要同樣努力去遵守這些規則。就算知道要動用存款才能支付帳單，或者（更有可能的是）要加到信用卡費用裡，還是要遵守這些百分比，就算債務增長也要這樣做。原因在於這個審慎的計畫會從而成為穩定的習慣，這樣最終重獲償付能力時，就會有一套可靠的理財原則可支持你。

有鑑於我是在新冠病毒全球大流行期間寫完這些文字，幾乎家家戶戶的經濟狀況都為之撼動，所以我必須加上特別的警示內容。在金融危機期間，務必要保有清償力。在這種情況下，建議停止償還債務（請只償還法定金額下限），以便保有手上的現金。這是唯有真正危機時期才有的一般規則。

最後要對自由工作者與自雇者說，除了我概述的一切外，你還必須騰出總收入的三〇%，存到不能動用的存款帳戶裡，做為繳稅之用。就算是每季支付估繳聯邦稅款，也要採取這種做法。從專用的存款帳戶裡支付款項，以後會大鬆一口氣的，請始終保持這種方式。

審慎對待保險方案

我寫的內容尚未處理健保、處方或醫療的費用。這類事宜是理財上的障礙，而在克拉森的時代，知道的人更是少了許多。我在二〇二〇年初撰寫這些文字的時候，對於數以百萬計的美國人而言，健康照護與健保可說是重大的財務難關，而且通常不可能順利度過。進行政治改革後，也許最終能管制藥品價格，制定出大家負擔得起的健保方案，而消費者在應對頑強又誤導人的保險公司時，也會獲得保障。這些事情是國家危機，希望改革盡快到來，而在改革到來之前，我認為今日美國大部分的健保是用冰箱磁鐵偽裝的犯罪集團。美國健保服務奠基的模式是收取的保險費越高越好，支付的理賠案越少越好，而要著手處理健保服務，就必須審慎思考並謹慎處理。

如果你是在公司或工會工作，享有不錯的健保，那你運氣很好。然而，就連那些健保方案也有相當多的缺陷，還會讓你被困在團保之中，身為消費者的你選擇很有限。如果你是獨立工作者、服務業工作者、約聘人員，選項就更稀少、更令人擔憂。個人理財作家在提出財富與償付方案時多半會忽視或掩飾這個現實。

舉例來說，二〇二〇年，Medium 部落格平台有個人理財作家寫文講述佛蒙特州某位清潔工去世，把八百萬美元的銀行存款全留給當地圖書館與醫院。聽起來像是很棒的美國寓言，「隔壁的富豪」靠著儲蓄與節儉成功致富，白手起家的慈善家竟然是個勞工，這點更打動人心。不過，這篇文章和其他講述有錢清潔工的文章——就連 CNBC 電視台的報導也是如此——全都漏掉了一件關鍵事實，這個人曾經在二戰服役，答案出現了：「他享有退伍軍人管理局的終生健康照護。」所以這一切才有可能辦到。曼哈頓有位貓保姆透過羅斯個人退休帳戶（Roth IRA）累積大量投資組合，他作風古怪，住在便宜的租金管制公寓，戒除所有數位文化、有線電視、手機服務、外食及大部分的高檔貨。他的生活方式有如都會版的梭羅。他跟那位清潔工一樣，也是個富豪。還有另一個共通點，他也是退伍軍人，從越戰退役。他獲得退伍軍人管理局的終生保險，幫助他度過痛苦的疾病。

如果這兩位節儉的男人沒享有退伍軍人管理局的保險，那麼只要有單一的健康災難、慢性症狀，或要自行購買保險的話，他們聰明運用的金錢就會全數清空，就這麼簡單，而撰寫投資策略或個人理財的作者很少懂得這一點。在沒有公司或家族網絡的支援下，購買保險或支付醫療費用，這當中的滋味必須要有更多財經新聞界的工作者懂才行。

彈性思考自己的保險需求

真希望我在這領域有妙方可以提供，可惜沒有。你有孩子的話，就需要保險，就這麼簡單。寫下這些文字的前一晚，我看著一位職業媽媽晚上九點半輪完星巴克的班，她的兩個小孩待在店裡。帶小孩上班肯定不符合公司政策，但同事支持她，值得讚許。她之所以繼續做這份工作，很可能是因為需要公司提供的保險。我曾經認識某位懷孕女性嚴重燒傷，原本會沒保險給付，但退伍軍人管理局有個有同情心又英勇的行政人員改了一些日期、做了一些安排，讓她繼續納入退伍軍人父親的承保範圍。我見過藥師免費贈送藥品給那些負擔不起藥費的患者。有些人終其一生靠著這種機遇僥倖過關，畢竟在美國，營利性又未受監管的健保已成了隆隆作響的災難。

如果你是單身，可以考慮不保健保。《平價醫療法案》的保險方案大眾差不多都負擔得起，只是承保範圍有限，不含處方藥，自付額也很高。你可能要考慮一下到底值不值得。我希望有重大傷病照護方案可以真正壓低費用，能讓你做好緊急情況的計畫，但如果你已經超過四十歲，就很難找到這樣的方案。我在前文說過，健保是用冰箱磁鐵偽裝的犯罪集團，這樣說不是要裝可愛。個人消費者面對一個問題，大部分的健康照護公司會拒絕一些合法的索賠，但保戶實際上早已為此支付費用。沒人知道到底有多少，那些大公司的計算方式神祕難解。我們需要公開透明的法律。從無數人們的證言即可清楚得知，健保公司拒絕理賠，樹立了濫用又不受監管的體制。健保公司利用各種情況，讓消費者筋疲力盡，還拒絕了一定比率的正當索賠。這在政治上很可恥（或理應可恥），在道德上也很沒良心。

我真正要說的話——也希望我能給你更好的建議——是購買保險前請先三思，或對自己的保險需求有彈性的思考，畢竟目前的保險模式不利消費者。我覺得自己在這方面應該提一下個人財務狀況，目前我是支付自己的保險費，每月付款，不太清楚最終的本益比。沒保險的醫療照護費用高得難以置信，我當然很清楚，所以我才選擇繼續承保。我單身，所以這行得通。不過，假如我不得不幫我那兩個青春期的兒子購買保險（目前是加保在前妻的健保方案），那簡直是幾乎不可能辦到，但紐約州倒是提供了某些公立方案，其他州也有一些方案可供選擇。我之所以寫出來，是因為身為讀者的你理應知曉一切，我不會向你推銷那種會掩飾健保危機的理財方案。

不管你是在公司工作還是獨立工作，本書提到的每一種技巧都很適用。不過，在健保的處理上，長期解決方案還有賴於政治行動與理智的公共政策。在改革到來以前，我要督促你更仔細研究健保事宜，衡量公立與私人的方案，以堅毅的務實作風處理問題。很多藝術家會放棄保險，原因不在於他們很天真，而是體制讓人難以處理保險事宜。

習慣⑨

不重要的事，
不值得浪費時間

時間很耗費心力。

前文曾經引用威廉・詹姆斯在一八九五年寫的〈人生是否值得活？〉一文中的內容。拉爾夫・沃爾多・愛默生在一八四一年撰寫的〈論補償〉（Compensation）一文或許是最接近我個人信條的存在。詹姆斯表示，自信不是為了虛榮心而產生的態度，也不是為了自我肯定而出現的抽象需求。對自己有信心不一定能有所成就，否則每個自我膨脹、愛炫耀的人都能成功了吧。不過，要提高成功的可能性，信心卻是關鍵環節。有了信心，就有了成功的**可能性**。詹姆斯寫道：

沒取得一場勝利，沒做出一件有信念或英勇的行為，只不過是抓住了可能性……人唯有時時冒險去試試看，才算是活著。在結果尚未確定前先保持信念，那往往就是讓結果成真的唯一要素。舉例來說，假如你正在登山，正好行至唯有經歷可怕的一躍才能逃脫的地方，若相信自己能成功做到，就會鼓起勇氣，讓雙腳做到那一躍。然而，若不相信自己，想起科學家對可能性發表的意見，感到遲疑，最後緊張不安、全身發抖，在絕望下一躍，導致落入深淵。在這種情況下……所謂的智慧與勇氣就是要**對自己的需求懷抱信心**，畢竟唯有具備信心，需求才會實現。

你可能知道一些會懷疑自己的成功人士，他們會怯場，自我價值感低落，還會低估自身的技能。不過，他們確實會勇敢一躍。也許謙卑，也許不安，也許沒把握，卻還是採取行動。我在商業、藝術、關係上看到的重大悲劇都是起因於人們對於失敗、失望或丟臉感到十分害怕，不斷拖延行動，最後反倒招來了他們恐懼的事物。或者，他們太過閃躲，進而削減了付出的心力，他們的潛力和別人對他們的信心也因此降低。這就是前文提及的伊底帕斯王難題。

我曾經跟某位傳記作家共事，對方就要寫出一本真正扣人心弦的書，可是他一點一滴刪掉事實，這裡刪掉日期，那裡刪掉場所，避免有曝露太多的風險。那本書原本可以是一本好書，寫著寫著卻每況愈下。優秀的藝術家都是毫無恐懼往前衝，假如他做到這點，那麼今日他的書會是該類型的經典之作。我在其他時候也見過這種情況發生，某本戒癮成功傳記的作者不太願意把某次跟新時代薩滿巫師的戲劇化衝突寫成一章。他原本同意納入書中，後來卻推翻自己的想法。書就這樣出版了。據我判斷，書的品質降了一個等級。若是羞於採用大膽的書名，也會發生同樣情況。我曾出版過某位作家的文章選集，他替自己的作品想出了個不懷好意的好名稱，我們倆都對那個書名莞爾一笑。後來我認真投入了選集的出版事宜，他卻因為害怕書名看起來太過負面，改成軟弱平淡的名稱。結果那本選集以失敗告終。

在某些方面迴避、遲疑、閃躲、半吊子，會比完全不努力投入案子還要糟糕。我幾乎從沒見過盡心盡力付出還會有失敗的結果。或者說，如果努力過了還是失敗，那樣的失敗也會留下很好的影響，例如重大的教訓或重新調整的案子。那些毫無成果的失敗都是源於缺乏熱忱的努力。

迅速做出決定是成功的預兆

本章的引言來自於我以前認識的一位作家經紀人。她在市場上推出書籍提案後，很快就會詢問有沒有人要出價，而且往往不久就會成交。有人問她，動作怎麼這麼快，她總說：「時間會消耗精力。」這句話我從來沒忘過。

希爾認為迅速做出決定是成功的一大預兆。這不是要人把研究調查或準備作業拋在腦後。我以前認識一位成就斐然的避險基金經理，他埋首於大量的研究，從不接受二手數據或事實，堅持自行蒐集資料。這位投資人曾經自行僱用工程師，悄悄取得油田的岩心標本。他把公司簡介給丟了，也不去參加股票公開發行的首次發布會。如他所言，他想要的是「突破框架」的資訊，而且要趕在這四個字被濫用以前。不過，他一取得資料，就會果斷行動。他的另一條規則：「如果不是肯定，就代表是否定。」你若非想採取行動，那就是不想。同樣地，有人在案子、社交約會或任何重要的事情上對你說「應該吧」，就表示對方可能是在婉轉表達否定。

有些人說，快速行動是一種本能。在某些情況下，本能有其價值。走在黑暗的街頭，聽到背後腳步聲跟得太近，你會本能地知道有麻煩了，這樣應該很正常合理吧。如果你覺得轉身、走到對街或逃跑很丟臉，那就有可能面臨危機。

在關係上也是如此，本能是站得住腳的，但前提是你願意留意本能，而很少人能做到。有位朋友曾經聰明地表示，關於對方，你需要知道的一切在第一次約會的前十分鐘就會知道了。接著，剩下來跟對方相處的時間都是在把你已經知道的事情再做一遍。你可能會注意到對方的某些特質會很麻煩，卻有意去忽視。如果對方「人太好」，那可能是警訊。我碰過有些人會在認識不到一個小時就提供我工作、金錢、辦公室，我本能上覺得對方不可靠，卻不信任自己的本能，後來就後悔了。企圖誘惑你的那些人往往是在掩蓋他們的不適任。

我們所說的本能（或直覺）多半是情緒。情緒的感受很有用處，因為情緒——跟安全感與滿足感有關——的作用比理智還要快，而理智依靠的是資訊，不是感受。由此可見，情緒可誤導，也可揭露。情緒不是理性的，這並不表示情緒是不對的。然而，我們必須懂得哪些情緒該多加留心，像是渴望與疑慮這兩種情緒同等強烈又有力，不過兩者若是流於神經質的模式，就不是如此了。熟悉自己的情緒模式或重複循環行為，就有利於知道何時該相信自己的情緒，又該相信哪些情緒。

我最糟糕的特質之一就是情緒化的妄想，不是流於陰謀論的那種，是比較輕微的那種，比如說，對方沒回覆電子郵件或電話，我就會陷入被拒絕的感覺漩渦裡。這可能是童年時期在情感連結不全所致，這也是多數人會有不安感的根源。我努力留意自己的這項特徵，我請朋友與同事提醒我面對現實，這樣我就不會草率地匆促下判斷。

有位老派的記者曾經說過：「好消息永遠不會傳得慢。」他堅稱人會急忙把好消息分享出去，對壞消息有所遲疑。因此，在他看來，沒有回音就是紅旗警示。我曾經太快太徹底信奉他的原則。最後，有位朋友勸我，許多案子——和許多的正面回覆——之所以很慢才成形，是因為大家在蒐集資訊，或者糾結在其他非我關注的議題上。在類推以前，務必先熟知自己的模式與偏見。

你是想要突破，還是渴望拖延？

沉浸於反覆無常的想法或許是最糟糕的一種遲疑，因為這樣是在偽裝自己。我曾經跟一位有才華的作家共事，他把著手寫書一事不斷往後拖延。有一天，他打電話問我，他應不應該把書的內容全都寫成對話，像口述歷史那樣。我認為那個想法未免荒謬，跟他當初提案那簡單易懂的敘事文完全相反。他是在設法逃避開始寫書，我這樣跟他說，他謝謝我，並放下那個想法。請留意你的工作習慣有沒有那樣的情況。人會浮現古怪的想法，藉此拖延那些必須要做的事情。我不是要阻止大家去實驗看看，不過，如果有個想法跟你的出發點天差地遠，或是時間很緊迫，而某個想法會把你推進完全沒試驗過的領域，那就該仔細審視那個想法，確定不是因為討厭工作才有此念頭。

有位同事曾經跟我說，神話學家喬瑟夫．坎伯（Joseph Campbell）在談到截稿日的時候是這樣說的：「做得好就是夠快了。」胡說八道，在規劃、制定預算、組織結構上，最後期限堪稱關鍵環節。如果不想遵守最後期限，就不要把預付款換成現金。如果要在寫完前就拿錢，就有義務遵守時間約定。你必須尊重贊助者與同事。

我在前一本書《奇蹟俱樂部》不想妥協，所以是先寫好完整的書稿再賣出去，而且有個但書，我不做結構上的更動，我只接受些微的審稿。我不是在耍大牌，但身兼作家與編輯這麼多年，我很清楚這個過程有何弱點，也知道自己作品的完成度。（審稿是美國出版社一直到一九五〇年代才有的一門專業，在我看來，審稿作業往往會讓技巧高明的作家承受不必要又跋扈的更動，害作家的文風變得平淡無奇，還用隨便的詞彙取代掉作家仔細選出的詞彙。）作品沒有被完整公開的話，我才不收下別人給的錢。有家出版社要求我做一些更動，但我不想，所以我離開，去了另一家出版社。

關於最後期限，我最後要說句話：「如果你經常出現時間問題，請採取行動。」跟贊助者、客戶或雇主談談，一起解決問題。逃避電話、電子郵件或簡訊，或者等到最後一分鐘才要求延期，是最糟糕的行為，最會破壞專業關係。等到交稿日當天或大約交稿日的時候才要求延期，通常是連開始都還沒開始。如果你的工作正在進行中，你應該會很清楚工作進度。不過，如果是截稿日過後或接近截稿日才要求延期，往往表示你連基礎都還沒打好。不要當那種人。

不守諾言付出的代價

不用別人逼迫、提醒或哄勸，就信守諾言並迅速實現，這件事的重要性再怎麼強調也不為過。切勿犯下直接食言這件終極罪行。犯了錯就不要用那些改變話題的藉口予以否認，這是很多人的反射動作。人會戲劇化自己犯下的過錯，有時一輩子不去坦承自己該做的事沒有做到。

我來說說你不信守諾言真正要付出的代價吧，我來說說你的配偶、同事、朋友、男友或女友永遠不會全部說出的話。你言行不一，別人就不會相信你。別人一旦不相信你，就會以有色眼鏡看待你所做的一切，不管這樣到底公不公允，那種看法幾乎永遠無法逆轉。你們也許會繼續保持聯絡，也許此時此地還是會在一起，但對方永遠不會把你看成是可以信任的人。此外，彼此的友誼或關係將來很有可能會結束。雖說友誼或關係可能是因為某起附帶的衝突而結束，但那樣的結果是我剛才描述的問題所導致的。

毫無必要地拖延、耽擱、遲疑或迴避，在某種程度上就是在破壞你跟另一個人的關係，也許對方是你的上司、你的另一半、你的孩子，或你人生裡的其他重要人物。就算對方沒有明說，但這些事情都會被記下來。在不同時期，我戒菸碰到困難，而我明明知道必須戒菸。我會在下一章詳細敘述，我愛的某個人明白地向我表示，要得到健康就必須戒菸。二〇一九年十二月的某個晚上，身在波多黎各的我抽了最後一根菸。我從此戒了菸癮。我很清楚，吸菸不僅危害健康（比起死亡，我更害怕拖著受損身體過活），還會破壞關係，也就是說，我有能力在伴侶眼中信守諾言。

《塔木德經》說過，人生最重要的頭銜就是「好名聲」。你的名聲唯有你能夠維繫或濫用。除人生本身外，唯有名聲是不可替代的個人資源。

習慣⑩

強健體魄，也是在訓練心智

你現在忽略的事物日後會抓住你全部的注意力。

身體活力的關鍵——以及一定程度的心理活力與情緒活力——就是學會跟不適感做朋友，好比處於阻力訓練的核心，越是讓自己處於有身體阻力的情況，例如走路、跑步、騎自行車、舉重、挖掘、登山等，就會變得越強壯，越有適應力，避免身體受傷或過度負荷。

有位靈性導師曾經對我說，人在身體上或經濟上達到一定程度的舒適感時，就會被舒適感掌控，這並非罕見之事。人會不斷向自己以外的來源，尋求輕鬆感、舒適感、愉快的刺激感。這種狀態會形成精神上和身體上的束縛，讓人在更狹窄的範圍內活動。這種現象從人們的生活就能觀察得知，有些人冬天的時候會讓屋外停放的汽車引擎先空轉十分鐘，這樣車子裡頭就會變得暖和，彷彿任何的不適——就算是短暫的——都必須消除。有些人長期服用止痛藥來處理任何輕微的疼痛，有些人長期吃零食來緩解飢餓產生的任何痛苦，所處的狀態一有輕微不適——潮溼、寒冷、嘴饞、流汗——就必須立刻緩解，這造成了生理上和精神上的虛弱，從肥胖、高血壓、心臟病、肌肉萎縮、糖尿病、失眠、輕微憂鬱等疾病就得以見之。

伊沙蘭機構（Esalen Institute）共同創辦人麥可．墨菲（Michael Murphy）對我說，

他認識的精神科醫師針對那些抱怨有輕微憂鬱或焦慮的患者，開立了三十天的運動處方，患者要走路、慢跑或從事體適能活動，這樣通常就能解決情況。

人有時會開玩笑說，年紀大了會暴躁不安或過分挑剔。這其實是很悲慘的情況，因為身體彈性有限，知覺或認知衰退，就會變得易怒焦慮。據我觀察，這種陷入消極的情況在豪華的養老社區也同樣強烈，甚至有可能速度更快。在那裡，幾乎每一樣東西都在垂手可及之處，很輕易就能解決氣候變化、飢餓、行動不便造成的問題；如果動作或認知受損，有時也會提供必要的高度照護。不過，在其他情況下，那樣反而會導致人缺乏意志力，進而加重生理上與情緒上的倦怠與憂鬱症狀。

一九九〇年代，東京一對前衛藝術家——瑪德琳・金斯（Madeline Gins）及其丈夫荒川修作（Shusaku Arakawa）——設計了出色的室內空間，用意是反轉年齡帶來的衰退。這對夫妻打造的閣樓與工作空間仿效自然的山坡與不連續性，這樣一來，走到房間另一端、跨過門檻、爬進床鋪或吊床、把自己安頓在坐著的空間裡或鞦韆上，會比原本習慣的還要困難，並不是不方便，但就是以創新的方式呈現色彩、設計、活力，讓人覺得自己好像住在大人的樹屋裡。在他們設計的生活空間裡，居住者必須努力讓自己變得更敏捷、更有平衡感、更懂得如何穿越空間，比如，把幾樣物品放在一張由纜繩吊著的桌子上。居住者可藉此體驗到有趣的成果與充沛活力，大家爭相去租用或住進那對夫妻設計的空間。金斯說：「他們應該要建造這樣的醫院才對。」

運動，其實是在鍛練心理

如欲得知舉重對身體與情緒帶來的好處，有無數的資料來源可供選擇。我個人是遵循健身專家曼甘（P. D. Mangan）的貼文與書籍，他比我更能深入闡述這些題目。不過，如前文所述，心理是由情緒與念頭混合而成的產物，我也想藉此討論阻力訓練會對心理帶來哪些益處。

大家通常會認為舉重對身體的好處就是力氣與外表，這種說法顯然沒錯，但不只是如此。舉重與阻力訓練是一種可量測的工具，用以領會到自己有能力改造自己，最起碼在一定範圍內是如此。阻力訓練、武術、其他體育運動可反映出你的身心狀態，你會意識到你是自己身心的共同創造者。

我十二歲的時候，有個年紀比我稍長的鄰居朋友很投入在練舉重上。他是個性還不錯、戴著眼鏡的孩子，體格有如花崗岩，卻毫無恃強欺弱、趾高氣揚的樣子。大家都欣賞他，甚至嫉妒他，因為他年紀很小就已經鍛練得體格強壯。

我問他用什麼方法訓練，他說：「九成靠心理。」這個見解的智慧度超乎他的年齡，但當時的我不夠成熟，不相信他的話。我心想，一定有其他竅門，你怎麼能夠堅持不斷去做這麼費力的訓練計畫？多年後，才明白他話裡蘊含的簡單真理。**要有所成就，最主要的決定因素是渴望獲得結果**。在某種程度上，我朋友已經把人生的「芝麻開門」密語給了我。

有些人可能不同意我的看法，認為我在描寫舉重訓練或外表這類題目時，並未充分指責社會常規或社會制約。我確實沒做到。我指責的是人們沒有改變的想法，無論是要以傳統還是不尋常的方式改變。我指責的是那種冷眼看待改造自己一事，去嘲諷、去低估人真心想改變能產生的重大效用，那才是真正未經考驗的人生觀與社會制約作用下的真正悲劇。如果你希望有證據顯示這些努力確實有效，那就看看結果吧，尤其是行為與親身經驗，唯有這樣才能對一個人的發展進行評估。沒效果的話就會有無窮無盡的理由不去實行，拿所處情境、接受的治療或社會來做為藉口。而我質疑的就是這些。

肌力訓練確實會讓人更有能力面對人生。龐克藝術家與黑旗（Black Flag）樂團前任主唱亨利・羅林斯（Henry Rollins）有篇不斷再刷、廣泛流傳的文章，我從中獲得很大的啟發。一九七〇年代，羅林斯住在華盛頓特區外，在沒有父親的陪伴下長大成人，發現舉重具有改變人生的好處。我讀了羅林斯寫的文字（原刊登於《細節》（*Details*）雜誌），感動不已，於是在右手的手背弄了個刺青（見下圖），圖案是具有代表性的四槓標誌，藝術家雷蒙・派提邦（Raymond Pettibon）專門為黑旗設計的。以下文字屬

於羅林斯：

我小時候沒有自我感，我承受的恐懼與羞辱造就了我這個人。恐懼來自於我的家長。羞辱來自於老師，他們叫我「垃圾桶」，還對我說，我以後就只能靠剪草坪討生活。同學也真切地讓我感到恐懼，我會因為膚色和體型被威脅被痛打。我瘦巴巴又笨手笨腳，別人欺負我，但我沒有跑回家哭，也沒有想著為什麼會這樣。

我太清楚原因了，我光是在那裡就會引起別人反感。在體育運動上，我被人笑。呆瓜一個。我拳擊打得好，只是因為我清醒的每一刻都滿懷怒氣，使我變得瘋狂又難以捉摸。我打拳擊的時候，懷著滿腔古怪的憤恨，其他男生都覺得我很瘋。

我一直很討厭自己。

現在想來覺得很蠢，但我當初就是想要學他們講話，想要學他們打扮，想要變得安心，下課的時候在走廊上不會被揍。經過多年以後，我學會把一切都藏在心裡。我只跟同年級的幾個男生說話，他們同樣都是受害者……

有個體格健壯的老師叫做派普曼先生（Mr. Pepperman），他同情亨利，開始讓亨利上舉重課。

幾週過去了，派普曼先生偶爾會打我一拳，把我扔到走廊上，還把我的書丟得到處飛。同學都不知道該怎麼想。又過了幾週，而我也逐漸增加槓鈴重量。我可以感覺到體內的力量正在增加，我感覺得到。

快到耶誕假期的時候，我走去上課，派普曼先生突然不知從哪裡冒出來，打我的胸膛一拳。我笑了出來，繼續往前走……回家以後，我跑到浴室，脫掉襯衫。我看見一具身體，不只是裝著我的胃、我的心的一具軀殼。我的二頭肌鼓了起來，胸肌輪廓分明，我覺得自己很強壯。我記得那是我第一次有了自我感。我的成就，誰也奪不走。

成年後的羅林斯把親身經歷寫成以下的箴言，勘比〈永不屈服〉（Invictus）詩作（「我是自身命運的主人，我是自身靈魂的船長」）的作者威廉・厄尼斯特・亨利（William Ernest Henley）：

- 痛苦不是我的敵人，而是召喚我邁向優秀。
- 我從沒遇過真正堅強的人會沒有自尊心。
- 身體強壯的話，心智的見解也會堅定。
- 我找到最有效的抗憂鬱劑是剛強。要戰勝虛弱，最好的方法是靠力氣。
- 一旦身心覺醒，直視真正的潛能，就不會走上回頭路。

本章的引言是「你現在忽略的事物日後會抓住你全部的注意力」，我想解釋這句話的意思，就算我堅持擁有明確的目標，但人生裡有許多事物——包括健康、金錢、人際關係——都會要求我們的關注。有朋友曾經對我說：「如果你現在不適度注意某件事物，以後那件事物就會抓住你全部的注意力。」例如，因忽略而造成關係破裂，或者健康上的危機。

就算正在處理一項要求很多的案子，也務必要保持體能。在這種情況下要保持體能，千萬別喝酒，或者適量飲酒就好；可以的話，走路或騎單車去上班；減少卡洛里攝取量，藉此大幅提高專注力與警覺性；即使時間不多，也要定時健身或短時間健身。就算是醒來後做二十個伏地挺身，也能讓自己的一天更進入正軌。不過，如果你習慣靠著吃甜甜圈、飲酒或抽大麻來放鬆一下，那鐵定很容易動搖。我喜歡酒精和大麻，但也要謹守界線。

戒癮，讓人更成功

二〇〇九年八月至十二月，我正在宣傳第一本著作《美國超自然》，幾乎每天都有媒體活動，我認為這是莫大的榮幸。那段期間，我不喝酒，以便保持在巔峰狀態。我並不是滴酒不沾，只是會在人生中的不同時間點——例如截稿日很趕或需要增加收入的時候——避免飲酒。

我會從以下的獨特來源加強信念（總之對我很有用）：保守派評論員與作家塔克·卡森（Tucker Carlson）。我二十幾歲的時候，跟塔克關係還不錯。我跟塔克的世界觀一直以來都天差地別，但我喜歡他，也敬佩他。他個性友善、意志堅定，很清楚這輩子想要什麼。

我在一九九〇年代中期遇見塔克，當時我是自由出版社（The Free Press）的編輯，該家出版社在某些方面推動右翼知識分子的興起，那是一段令人振奮甚至充滿希望的時期，陰謀論、否認氣候變遷、排外主義等右翼聲音尚未成為主流，詹姆斯·Q·威爾森（James Q. Wilson），格蘭·羅利（Glenn Loury），迪內希·杜澤（Dinesh D'Souza，相信我，他那時好多了）、塔克等人物正在文化領域上提升自己。塔克和我腦力激盪出一本書，後來沒成，但還維持不錯的關係。

後來我和他失去連絡很長一段時間。不過，在書寫這段文字的不久前，塔克回應訪問者的話深深觸動我的心，在人生重要時刻拯救了我。他的建言簡單卻強大。我常叫人留意簡單的事物。熟悉的措辭經過實際應用後就能化為力量，而且唯有實際應用才做得到。

二〇一八年末的某個星期天，塔克出席保守派分析師班·夏皮羅（Ben Shapiro）的網路談話節目，討論自己的著作《當我們被困在同一艘船上》（*Ship of Fools*）。我跟大兒子一起看。兩人相互交換意見，期間塔克一度不假思索表示：

選擇很重要，當然了。我戒酒，好讓自己變得更成功……結果很有用。

基於某種理由，他那幾句離題的話真的觸動了我。尤其他爬到有線電視主持人與暢銷書作者的頂尖地位，那過程又很引人注目。聽到塔克發表的評論時，我才離婚不久。我在居住的下東城周圍地區的絢爛汙穢街道上，吸食大麻、飲酒、吸菸的量都增加了，增添了一點一九七〇年代調性的路．李德（Lou Reed）生活方式。一定要有所改變才行，不然變的就是我了，而且是變得更糟糕。

如前文所述，我愛的某個人對我說，她覺得我應該要戒菸。我不抽了，說戒就戒，因為我知道她說得對，也知道堅持這個習慣有害我的健康與幸福。然而，我不願意做出塔克提議的勇敢一躍。我從來不覺得自己有飲酒問題，喜歡喝一杯（或喝幾杯）放鬆一下，也會在社交場合飲酒。二〇一九年初，我開始抽大麻，幾乎成了每晚的習慣。在那前幾年，我曾經因為宗教上的承諾，三十天不喝酒，後來寫第一本書的時候，再度戒酒。但除此之外，我從來沒有真正戒酒。

塔克提出的觀察及時開始跟我越來越有共鳴。我很清楚，我想要的東西跟他一樣

（只不過是以自己的方式），都是想要成功。我也需要賺更多錢。我想要達到巔峰表現。我想要實踐明確的目標。我知道自己有某些工具，而我可以立刻掌握的工具就是他提議的方法——不喝酒。從過去的經驗，我已經很清楚了，神智清醒的話，活力、生產力、睡眠、靜觀與練習時會出現的癖性都會獲得改善，於是我接受了塔克提出的間接挑戰。

我把東西給丟了，真的。我跟有點愛好新時代思想的心理醫師說了我的打算，他建議我丟掉酒精飲料，當做儀式的一部分。我應該靜觀、唸誦或做某件事，透過這些具備儀式感的行為，來表現出我要成為嶄新又潔淨的存在。我家其實沒放酒精飲料，所以酒精出局了。我想過乾脆把幾袋大麻都沖進馬桶裡，但那樣好像虎頭蛇尾，所以就拿了兩袋不錯的大麻、一支菸斗、一只舊菸灰缸（菸灰缸是我搬進這裡的時候，在逃生梯找到的，之後就太慣於使用它），把它們全都放進最後一個熟食塑膠袋裡，禱告一番，然後從我那五樓的臥室窗戶丟到下方的庭院／垃圾區。菸灰缸墜落在地面上，大聲碎裂。我丟的時候很小心，沒人在那裡。之後我也下樓清乾淨，我不亂丟垃圾的。

我的生產力自此一飛沖天，在那之後的夜晚全留給了工作、休息、朋友。我的生活費有所改善（酒很貴），金錢流了進來。我睡得更好，起得更早。結果顯示：塔克說得沒錯。

下次你聽到哪句話簡單到可以用冰箱磁鐵貼起來時，請暫停一下，再聽一遍。有時，有些話也許看似顯而易見或像是老生常談，因為那些話就是真的沒錯，只是我們沒能體會話裡的深度，所以沒去試試看。嘗試一句基本又可行的建言，有可能是你身上發生的最棒事情。就算發現自己做不到，也會知曉自己的寶貴之處；如果發現自己做得到，也許就能拯救自己的人生。

說到習慣，我被某種福氣與詛咒纏上了。有個跟我關係很好的人曾經以半是敬佩半是惋惜的口氣說：「米奇是華特．懷特（Walter White）。」她指的是《絕命毒師》（*Breaking Bad*）裡頭那位從化學老師變成毒梟的主角，意思是我一投入某件事，就會全力以赴。這樣有好有壞。不過，我確實有那種要不就全心投入，不然就根本不做的傾向。在開始習慣或戒除習慣時，這種傾向很有幫助（或者有風險）。

習慣⑪

與困境相伴，才能真正成長

失敗令人感到刺痛——直到你被失敗救起。

一七九〇年，詩人與神祕主義者威廉・布萊克（William Blake）在《天堂與地獄之婚》（*The Marriage of Heaven and Hell*）一書中寫道：「對立是真正友誼的表現。」布萊克的箴言具有諸多含義，以下是其一：唯有被考驗、被反對、被丟到我們的祕密金庫，才能有所進展。你在人生中引以為榮的想法與個人特質多半來自於你如何應對困境與阻力。

殺不死我的，使我更堅強

許多追尋真理者都查覺到這點。波斯詩人魯米（Rumi）寫道：「祈求有嚴厲的導師。」尼采有一句名言：「殺不死我的，使我更堅強。」靈性哲學家葛吉夫表示：「每一根棍子都有兩端。」愛默生在〈論補償〉一文中探討自然界等價交換的主題。赫密斯派的格言「如其在上，如其在下」，來自於古代晚期用來紀念生命相互依存本質的翡翠石板（The Emerald Tablet）手稿，陰陽就是兩極的調和。

基本的真理如下：人生具有兩極性，同時也是一個整體。

你遭受挑戰、感到氣餒或碰到阻礙時，正是你對自己最看重的特質——成熟、毅力、自立——逐漸成長的時期。我想起痛苦的片段，例如背叛、誹謗、失去鍾愛的案子等，這些都讓我更清醒、更堅強、更有能力。我不希望重蹈覆轍，卻也不希望自己未曾經歷過。

唯有受到對立面的壓迫，才得以成長。沒受過苦，心理上、情緒上就還是小孩。也許這就是人類被逐出伊甸園的故事背後的深刻含義，爭執既是成長的起因，亦是成長的代價。

你會拿起這本書，顯然是因為你希望獲得成功，廣義上的成功。不過，挫折與失敗就像季節循環一樣基本，也同樣有其意義。

就算是令人刺痛的愚蠢批評或尖銳的羞辱，還是能讓你變得更堅強。貶低者（「對立是真正友誼的表現」）也許看到你的弱點，而你朋友人太好，沒有說出口。社會循慣例要人忽視霸凌者及其挑釁，我反對那種建議。首先，那根本做不到，在自我發展上更是最差勁的老生常談。其次，冷血又不講理的對手也許會發現你的盔甲有條裂縫。先下定決心把裂縫給補強吧，運用手中的每一種資源。在兩極化的尺度裡，友誼與逆境會大範圍地彼此映照、相互彌補。

不要執著於唯一的解決方案

在我看來，面對個人危機之時，無論是長期存在的危機還是情境上的危機，有洞察力不一定能帶來變化。實際上，心理上的洞察力通常是在沒有變化的情況下出現。口渴的人需要喝水。只要對立能推動你邁向立即可用又能持續應用的解決方案，那麼無論該方法是在哪裡找到，是屬於心理、生理、精神、醫療、理財、關係還是藥物層面，對立就是一種幫助。另類靈學的部分領域有個錯誤的觀念，以為服藥有點算是欺騙的行為。有什麼證據可以支持這種觀點？解決方案常會涵蓋多個層面，如同問題往往複雜難解。

為什麼要把帳篷某根可能很重要的支柱給移走？採取某一個步驟並不需要把其他步驟排除在外。我們的社會是否如同某些人的主張，過度用藥了？這是很個人的問題。我認為所有種類的可能性可以共同合作，也希望任何一種可能性都不要承受文化上的汙名化。

新思潮先驅約瑟夫．墨菲提出大膽的主張：「所有挫折都源自於未實現的渴望。」在許多方面，墨菲提出的主張會被東西方大部分的宗教反對。東方靈性（包含印度教與佛教）多半是在教導個人必須從依附中解脫出來，唯有如此才能經歷完整的人生；猶太教與基督教的信念則是教導個人必須平息根本的渴望，遵從神的教誨，如此一來，以基督教的措辭來說，就能獲得拯救，而以猶太教的措辭來說，就能好好服侍上帝。

根據墨菲和其他新思潮導師——尤其是內維爾——的教導，人首先是善於表達的生物，只要充分運用思維的創造力，就能進入我們想進入的狀態，無論那可能是何種狀態。墨菲表示，這就是人類與生俱來的權利。我贊同墨菲的做法。同時，我對生理極限的重視比他高出許多，也認為碰到對立時要付諸行動。我相信思維能夠引起改變，認為個人有可能在自身經歷的生理範圍內，打造自己的面具人格與環境，而這是前文提及的赫密斯派的格言——「如其在上，如其在下」——蘊含的其中一個意義，這個原則在猶太教與基督教的經文是被轉譯成「神照著自己的形象創造人」。

產生對立，就能召喚解決方案。如果我們坦然面對自己，解決方案就是我們將成為的樣子。

考驗會帶來新契機

第一章描寫我把機會搞砸後，決定離開第一份即時新聞工作，那是個辛苦卻大有助益的考驗。另一次的考驗雖是不大，卻令我感觸良多，得以寫出本書的一項關鍵練習。

二〇一八年秋季，我應邀來到科羅拉多州波德市，參加電視節目。抵達的時候，正在下雪又寒冷。那天晚上，製作人邀我出去吃晚餐，反正隔天才拍攝。我欣然接受。我跟她見面前，在旅館的酒吧先喝了一兩杯，然後再過馬路吃晚餐。我們度過愉快的時光，聊了各種案子和可能性（後來沒一個成的），還喝了一堆酒，喝太多了。我道了晚安，愉快地走一小段路回旅館。我上了樓，因過度飲酒而立刻陷入了疲憊不已卻斷斷續續的睡眠。

我醒來，頭很痛，外頭有雪，攝影棚上工時間是早上十一點半，迫在眉睫。我活力低落，鬱悶不已，是常見的宿醉症狀。我罵自己喝過頭了。

隨著輕微憂鬱而來的是糾纏不休的焦慮感。我發現自己反芻思考著過去那些行不通的案子、目前我覺得不穩定的案子，還有我那岌岌可危的婚姻，那時正處在一個即將分崩離析的狀態。我在某個問題上覺得特別辛苦，擔心將來的幸福會因此受到妨礙。那個下雪又陰鬱的早晨激發我想出十日奇蹟挑戰（第三章已描述過內容）。

我那天要求了一件很個人的東西，那東西也來到我的眼前，只是到來的方式完全出乎預料（而且在某種程度上來說，甚至是很普通），儘管如此，出現的東西合乎我當時正在尋求的境況。我對於此練習的可能性所抱持的信念也因此獲得強化。傳統上，我們以為自己需要某一件東西才能獲得幸福或感到滿足，但我們真正需要的是某種境況，或者是環境、情況、關係的改變。由此可見，對於需要的東西務必要具體，但不要執著於唯一的解決方案。

要是沒有悲傷與陰鬱的感覺，這項對許多人、對我大有幫助的技巧，我就永遠想不出來了。人生往往像這樣運作著，唯有被逐出伊甸園，必須自行耕地的時候，成效才會到來。那個時候，就要拓展範圍。

領導者的真正定義

也許你會發現自己被打入冷宮，比如說：在你所屬的組織，通往領導、晉升、拓展或階層的途徑被擋住了，也許是原主管不想讓步所致。我知道卡在原地會有多麼痛苦，過去幾年，我試著透過發揮最佳表現來解決問題，還以為同事自然會指望我來領導。我的理想摔落在現實的岩石上。還記得傳訊者和新聞稿的報導嗎？大多數的員工會去討好那個簽核薪水支票與休假申請表的人，對於受人指導完全不感興趣。不過，那條通往領導階層的途徑同時也沒被真正擋住。

領導力與進取心基本上是一樣的。進取心指的是去做必須要做的事，不用別人說，甚至也不求回報。效率低或態度冷淡的經理、主任、總編、高層主管或主管——亦即他們不願額外付出心力來改善服務、產品或成果——稱不上是領導者，也永遠不會是領導者。領導力無關乎頭銜、擁護者、支持者，而是跟行為有關。

領導者的定義就是無論職位高低，在任何工作上都是最見多識廣、最有能力之人。雖然我不認為拿破崙是治國的榜樣，但是愛默生在一八六〇年發表的〈論成功〉（Success）一文裡寫給該位法國征服者的段落，一再感動了我：

> 拿破崙說：「戰爭裡沒有一件事情是我不能自己親手去做的。如果沒人做火藥，我可以製作。砲架我也懂得怎麼建構。如果必須在鐵工廠做大砲，我可以做。如果必須詳細教導大家在戰役中該怎麼進行，那我就會去教導。在行政方面，誠如你所知道的那樣，只有我負責整頓財務。」

真正的領導者永遠不會把自己不願做的事情交給屬下去做。廣義上，領導者也需要去收拾爛攤子，無論那是領導者自己的爛攤子還是別人的。該替錯誤或意外負起責任時，領導者不會想方設法離開現場或沒空處理。

領導者也會很果斷行動。一九一七年，陸軍少校巴哈（C. A. Bach）在懷俄明州謝里登堡的軍官畢業班面前說出了以下的名言：「在緊急情況下做出合理的命令，好過於沒有下令。」一生物偏愛行動。無論事情大小，只要有所遲疑，幾乎必定以失敗收場。果斷行動也許會有失敗的風險，但風險的好處是獲得解脫。

領導者還必須知道誰替自己工作。在動機、回報或修正方面，沒有一體適用的做法。我以前認識的某位主管努力避免衝突，他會給每個人籠統的要求、指示、讚揚，有意忽略每個人的可靠度、產出、工作風格是有所差別的，從而迴避以下問題：誰有沒有貢獻，每個人需要哪種支援、認可或修正。他是在逃避領導別人。

簡單來說，領導者不代表就有領導力。無論有沒有加上頭銜，領導力是我們在責任與可靠度上面所貼的標籤。

人生的挫折，是未來成就的墊腳石

大家常問，我怎麼能寫出這麼多書和文章，還經常演講。如前文所述，有位讀者甚至對我說，「恕我直言」（永遠要小心這句話），你是不是用了代筆？身為作家與講者的我能有大量產出，是有許多原因的。熱忱是主因，渴望自我表現是另一項原因，完全樂在其中是一大因素，經濟需求也是其中一項考量。（此例再度證明人為了應付生活的要求，往往能產出很好的東西。）不過，我的產出還有另一項重要因素，那是從早期碰到的挑戰發展而來，這經驗我可不願拿去換。

我擔任編輯職務的那幾年期間，為了持續讓出版社免於財務困難，不得不出版大量書籍。我以前常在電腦螢幕上面貼一張黃色便利貼，上頭寫著「計費」。有一段時期，我不得不像企業律師那樣工作，把計費工時視為生活的氣血。（對商業編輯而言，這種態度其實不壞，但商業編輯也應該要有熱忱與理想。）有一季，我出版的書籍不下十七本。也就是說，有十七個不同的關係要處理；十七份稿件要編輯或投入製作；十七個封面要設計；十七份目錄和書封的文案要寫；十七個書名要在行銷會議提出；十七種獨特的產品要定價、印刷、庫存、管理。我去找朋友，她是負責產製內容的主筆。我對她說：「我做不到。」她堅定又幽默地回答：「你做得到，你會做的。」（你可能會想到我提出的圖像記憶法：亨利做得到，不會抱怨。）事實證明她說得沒錯。

雖然我面對了大量的工作量，但是那一季表現得很好，其他季也是。這一切鞏固了我身為作家付出的努力。寫作與編輯雖不同卻相關，而有些相關作業（例如寫目錄和書封）也是如此。我在編輯訓練營地度過無數個小時，最後終於有能力寫得快速、簡潔、果斷，既有深度又完整。我身為編輯與作家所度過的每一個無眠夜晚，等於是在付學費磨練技藝。對立的狀態就是我的進修學校。

習慣⑫

制定信念，穩定邁向目標

信念必須彎折強化。

靈性就是不受物理定律支配。精神的探求與記載是我人生的核心，但我對「信念」的概念向來有疑問，這個字眼有很多人會跟靈性或宗教互換使用。

我向來不太能定義自己的信念，是希望嗎？是毅力嗎？是相信自己往未知處跨進一步，地板就會出現嗎？

幾年前，我向某位牧師學習時，內心浮起深切的同感，牧師有個世界聞名的同事即將臨終，那位有名的神職人員寫出了史上極其知名的心理勵志書籍。這位神職人員的女兒走進隔壁的房間，對親友說：「爸爸沒有信念。」他就是諾曼・文生・皮爾（Norman Vincent Peale），著有《正向思考的力量》（*The Power of Positive Thinking*）。大家聽到她的話都很訝異，甚至嚇壞了。我聽到這個故事的時候，並沒有批評皮爾。我覺得自己有一天也可能會面對類似的危機。

我後來才明白，所謂的信念，並不是像傳統定義的那樣，需要對上帝或更高的力量（Higher Power）抱持信仰。（我自己使用的是更大的力量〔Greater Force〕一詞。）所謂的信念，是努力堅信自己受到普世又無形的原則所支持。信念是學得來的。

從希爾的作品中，我獲得更明確務實的信念定義，理解怎麼培養信念。我把信念視為價值觀的應用，信念經由可定義的步驟來推動你穩定邁向目標及改善關係，還會在你覺得鬱悶、束手無策或不知所措時拯救你。有了希爾帶來的啟發，以下是有建設性的信念具備的十項特質：

1. 具有明確的目標（我的心法），並輔以個人行動與進取心。
2. 在你的責任與業務往來上，總是多跨出一步。
3. 培養正面心態（Positive Mental Attitude, PMA），用以對抗謠言、八卦、仇恨、嫉妒。
4. 承認每一種逆境都帶著等價好處的種子。
5. 每天至少進行靜觀或肯認一次，努力投入明確的目標。
6. 承認無窮智慧（Infinite Intelligence）或更大的力量是存在的，從而把創造力贈與個人。
7. 參與支援團體或智囊團，那裡的人有類似的價值觀。
8. 記住過去的挫敗與逆境，找出個人的模式和阻礙。

9. 忠於你的道德與個人榮譽，以此表現自尊。
10. 承認所有事物都具備廣泛的互惠關係。

我現在會鑽研以上各點該怎麼去應用。

實際運用信念的方式

一、明確的目標

直至此處，你已了解我的基本理想為何。情緒掌控人生的很大部分，因此只要選擇自己有熱忱的目標，就始終能把能量——多少跟信念類似——引導到自己想達成的目標。雖然你可以把自己不相信或時不時相信的主張或格言背出來，**但你永遠也瞞騙不了**

情緒。因此，在選擇可行的終生目標時，我強調的是自我誠實。只要真正明白自己想要的，情緒的力量會成為背後的支柱，以你可能猜想不到的方式督促你往前邁進，把信念感逐漸灌輸在你的身上，相信自己有能力抵達那個命定之處。

二、多跨出一步

無能與冷漠這兩種有害的習慣會影響到幾乎每一個家庭、辦公室、工廠、藝術空間、機構。不過，如果你時常為了某個人額外付出心力，那麼對方不僅會承認你很優秀（對方不承認就表示你置身於不對的環境），你也會更充分相信自己，相信自己的能力。做出超乎預期的事，不僅有利周遭的人，自己也能獲得心理上的益處。努力得來的自信是信念的關鍵面向。然而，如果不去行動而讓別人對你失去信念，那麼他們就常會用那種角度去看你，而且不可逆。

三、正面心態（PMA）

我的左二頭肌有個刺青是閃電符號，上方是PMA三個字母（見左圖）。在視覺與精神層面上，刺青的靈感來自於壞頭殼（Bad Brains），這個蔚為先驅的龐克樂團使用閃電圖像做為標誌，還把自己的成就歸功於希爾的《思考致富》與正面心態。正面心態指的不是培養含糊想法，也不是要設法封住人生醜陋的現實面。正面心態的意思就是相信自己的才智、創造力與韌性是神聖不可侵犯的個人準則。

四、從逆境中學習

如前文所述，從失敗中學到的原則並不是那種聽到膩的陳腔濫調，而是一種得來不易的

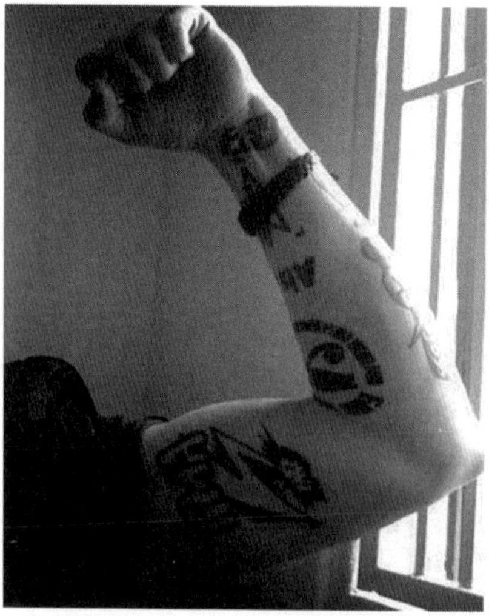

道德準則。撒手放棄與繼續前行（亦即懷有信念）之間的差別，多半在於你能不能反思自己承受的挫折與失望，能不能徹底找出哪些挫折與失望的經歷可以帶來體悟。就算情緒帶來的刺痛感流連不去，但我向來都能從失望中獲得體悟。短暫的失敗會引發情緒上的失望，有時我要花一星期或更久的時間才克服得了。不過，挫折一發生，我會立刻檢討，以後哪些方面可以做得更好？我有沒有忽視警訊？在構思及提出計畫時，我能不能更有耐心？在照顧相關人士的需求時，我做得夠不夠？我有沒有抄捷徑？

五、日常的靜觀

有時，我們過度努力投入那些以經驗為基礎的工作，忽略了自己其實擁有更宏大的視野。一天務必至少暫停一次，想想自己的目標和最終目的地，理想上數次為佳。我會把明確的目標寫在文件上，跟能夠代表我的紋章結合起來。我一天會數度停下手邊在做的事，重看自己寫下的目標與圖像。晚上快要睡著時，早上醒來時，我也會想一下目標。我靜觀時會想著目標，想像自己達到目標的樣子。切勿忽略想像與靜觀，這兩種方法可以用來表現信念、鞏固信念。

六、無窮智慧

所有人都是無窮智慧的入口，是普遍、不局限於特定區域的智慧，我們全都參與其中。古希臘人稱之為智性（Nous），愛默生稱之為超靈（Over-Soul），新思潮作家有時稱之為無窮心智（Infinite Mind）。無論你使用什麼語言，原則在於無窮智慧蘊藏著直覺、見解、頓悟。

你的智慧泉源有著更深的深度，蘊含的資源比你意識到的還要多。無論你是以何種方式處理該議題，你儲備的心理資源肯定比表面上看到的還要多。獻身於挑選的工作，在身心俱疲之際，這些儲備資源通常就會出現。請休息一下，或者允許自己去休息、娛樂、靜觀、小睡或睡一晚。

七、智囊團

你加入十二步驟互助小組*或支援團體（有時稱為智囊團）後，所屬團體的全體成員會提出務實的建議、凝聚團結精神、提供合乎道德的支援，而你可以從中獲益。不過，工作上則是要更進一步才行。根據我的經驗，和諧的支援團體或智囊團運作的過程中會產生額外的力量。各個成員有如被隊友督促的馬拉松跑者，可從中獲得額外的能量、心智敏銳度、決心、熱忱。這個現象可說是展現了一部分的無窮智慧。

八、自我分析

該原則和前述對「從挫折或逆境中學習」所做的觀察有關。雖說不該鞭笞自己，但同時也要很坦然找出自己的優缺點，以及其在特定事件中扮演何種角色。例如，我有個

＊編注：十二步驟（Twelve Steps）是在歐美風行近一世紀的戒癮行為課程。

缺點是沒耐心，有時，我對回應速度的期望其實超乎對方的能力，尤其是我的熱情（這往往是優點）大漲的時候。據我猜想，我那沒耐心的特徵有時會害我得到「否定」的答案，假如我的態度更溫和，讓對方有時間考慮某個推銷的東西或提案，那我應該會得到「肯定」的答案。

無論在何種情境下，你都可以進行自我分析，因而奠定信念，相信自己並非落於不幸處境或遭逢厄運，自己所做的一切都能獲得改善並強化。

九、自尊心

在商業與合作方面，我極力主張坦率、公開透明、不玩鬥智遊戲。這類做法不僅會讓你獲得有責任感的名聲，還有利你吸引合作者、贊助者、支持者，你的自尊心也會有所改善。

很多人都抱怨自我形象不佳，十分痛苦。永遠要記得一點，自尊心會受到早期環境與日常作為的影響。不說八卦或垃圾話，在事情出錯時承擔責任並導正，為朋友、客戶或摯愛額外付出心力，這種舉動可幫助你站得更直。自尊心不僅能增進個人魅力，還能打造一種相互依存的信心，也就是說，你對自己有信心，別人也會對你有信心。

十、人類的一體感

我試著依照「廣泛的互惠」原則過活，該原則差不多等同於業力或黃金法則。簡單來說，我認為所有生命終歸是一體的，我的行動會回到我身上，有可能快，有可能慢。這項原則最能鞏固我對於事物存乎對稱性所抱持的信念，也是隨時能做為參考的行為準則。不管我對另一個人做出什麼事，都是我對自己做的事。我相信整體性的存在。

最後，所謂的信念就是知道眼前所見並非全貌，知道自己面對挑戰時有同等隱而不顯的資源與對稱性存在，**只要你能努力讓它們顯現出來**。

找到適用於你的祈願儀式

在靈性上，我深信我們可以制定自己的規則。除非會眾的靈修與傳統的禮拜儀式對你而言是有意義的，否則你做出的祈禱、儀式、咒語、虔誠行為應該完全是由你獨創。你也可以像很多人那樣，將傳統結合高度個人化或即興發揮的元素。我在這個探索的時間點，是選擇徹底順其自然展現的靈性行為。我把我的系統稱為混亂魔法，但沒有名字也同樣容易應用。

在此舉個例子說明我的途徑。書寫這段文字的十年前，某個冬季午後，我前往麻州韋斯頓的查爾斯河，登上河岸的石塔頂端。這個維多利亞時期的古怪建築興建於一八九九年，用以紀念一處維京聚落，有些人認為該聚落是約西元一〇〇〇年北歐探險家萊夫·艾瑞克森（Leif Erikson）在查爾斯河河岸建立的。諾倫貝加塔的名稱是沿用該處傳奇聚落的名稱，這個柱狀建物有三十八英尺（約一一·五公尺）高，門窗皆有鐵條，用以阻擋窺探者、捉鬼獵人、喝啤酒的高中生。我單純只是很想進去，有一根鐵條鬆脫了，我那六呎二吋（約一八八公分）的身軀穿了過去，發現一些用 Metal Head 塗鴉筆畫的塗鴉，然後沿著潮溼陰冷的石階爬上塔頂。

在人生中的那段時間，我有個在心底熊熊燃燒的野望：我想成為作家。雖已積極往那個方面邁進，但我那時已超過四十歲，年紀不輕了。我在塔頂發誓，要把自己打造成知名作家。在那個晴朗的冬季午後，我請所有能供我運用的力量，不管有形無形，不管合不合乎物理定律，都前來幫助我吧。

在那一刻，我的內心湧出一些感覺：我覺得自己在生理、智識、情緒上達到同步狀態，跟周遭環境融為一體；我的心願變得清晰、強大又確定，彷彿被一股無形氣流給抬升起來。這是一種整合為一的經驗，超乎尋常範疇。接下來幾年，我確實成為知名作家，有多本著作交由藍燈書屋等出版社出版，贏得筆會文學獎（PEN literary award），撰寫的文章登上《紐約時報》、《華爾街日報》（*The Wall Street Journal*）、《政治》（*Politico*）、《華盛頓郵報》（*The Washington Post*）等，這類刊物通常不會青睞我探求的超自然題目類別。

那年冬日做出的行動完全是順其自然、一時心血來潮的舉止，當時既沒計畫也沒準備，更沒背誦書中任何的典禮、咒語或儀式。這就是我所謂混亂魔法的核心主旨。

我小時候接受過正統猶太教成人禮，許久之後還在智識深奧又極其真誠的密傳教團待了八年，必須去研讀、熟記、身體力行、領會那些晦澀難解的題目，因此在靈性探求上變得渴望自由。我很討厭去熟記禮拜儀式、咒語、典禮、晦澀文字、呼應式背誦。對我及他人而言，要集中意志力，要引導心理能量以利身心情緒跟自然界同步，也許還有召喚無形力量或實體（傳統儀式與禮俗做法包含的一切），這些在衝動、混亂、不設限的努力下最能做到。

這並不表示我不考慮研讀艱澀與道德的哲理，完全不是如此。不過，一旦消化了一本或多本規則手冊（視情況而定），就必須把規則手冊拋開，仰賴直覺行動。同樣的情況也出現在不同的行業，波洛克、達利等偉大的二十世紀抽象視覺藝術家都相當熟知肖像畫法，卻都盡可能率先有所突破。形上學追尋者也應該表現出同樣的主導態度。

混亂魔法的意思是你可以——有時是必須——果斷放棄某種做法，突然開始採用另一種做法。這樣分裂的行為可帶來特殊的力量。不管是哪一種領域，新手與後進往往會變成創新者。舉個通俗的例子，想想格洛克手槍的發明者與製造者蓋斯頓・格洛克（Gaston Glock）。正如記者保羅・巴瑞特（Paul M. Barrett）的傑作《格洛克：美國槍械之興起》（*Glock: The Rise of America's Gun*）所探討的，格洛克這位澳洲工程師在一九八〇年代步入中年前，都是奉獻給窗簾桿與刺刀的製造事業，對軍火幾乎一無所知。不過，奧地利軍方公開徵求一款設計時尚的新一代隨身武器，發明家格洛克因此有了興致。格洛克不曉得什麼是「做不到」，花三個月研發出一款可用的輕量型塑膠手槍原型，後來更促成軍火業的革新。

較晚踏上探求之路，然後學習相關的一切，就能推動創新、摒棄偏見，得以越過昔日的缺失與慣例，以嶄新方法做事。靈性之事如此，實質之事也是如此。

我跟超自然網站與小誌《神祕傳輸》（*Secret Transmissions*）在某次訪談做了以下的交流，很好地呈現出混亂魔法鼓勵何種做法：

問題：神話學跟魔法的關係密不可分，北歐、希臘、埃及、凱爾特等神話都是如此。然而，假如覺得沒必要加入某個由特定神祇們支配的團體，但還是從祂們的神性中獲得很深的感動與啟發，想讓祂們成為精神生活的一部分，那該怎麼做才有可能做到？

答案：嗯，說個我自己的故事吧，多年前，在曼哈頓中國城的運河街，我發現一棟老舊的辦公大樓，大樓入口上方有個漂亮的墨丘利（Mercury）側面半身像……然而，我對古老神祇的殘存能量是存疑的。

我決定做個實驗，在接下來好幾週，我每天早上都搭地鐵去那個有點不尋常的地方，對著墨丘利的肖像祈禱。我常站在人行道上可以一覽無遺的位置，當著某位態度友善寬容的拉丁裔美籍婦女的面祈禱，她將報紙放在鮮奶籃上，在建物正前方販賣。

我不知道她是不是覺得我瘋了，拉丁美洲對於神祕的宗教儀式較為寬容接納，所以在她眼裡，我也許沒有那麼奇怪吧。不管怎樣，我崇敬墨丘利的角色與原則，並以這種方法來表達我對祂的崇敬，並祈求祂給予厚愛。雖然我沒有感受到任何成效，卻從這種行為中獲得某種滿足感。

我深信人在進行實驗時沒必要加入任何團體，沒必要尋求他人的認可。傳統是從實驗而來，在此由衷鼓勵個人進行那些受某種教導支持的實驗，還要沉浸在你嘗試的事物的歷史與做法當中。

如果有人跟你說，必須先做到某件事才能開始進行靈性練習，千萬別聽對方的話，那種話是誰說的？對方的人生是何種狀況，讓他有權那樣做？別理會專家，現在就在你想要的地方開始探求或實踐。以成熟、投入、聰慧、恆毅、認真的態度去做，千萬別因任何一種門檻而阻擋你前進。

仔細觀察實際的周遭環境，找出自己專屬的天然神殿，或者合乎以下其中一項條件的地方：可祈禱，可肯認，有宗教含義的背景，可懇求更大的力量。我已經說出了兩個地方。最近，我在紐約公共圖書館總館找到另一個地方，寫這段文字時就是用了這裡的研究室。在這棟布雜藝術型建物的三樓天花板，有著普羅米修斯的壁畫，普羅米修斯從神祇那裡偷了火，為人類帶來光明。普羅米修斯是優秀的人物，跟奮鬥者、追尋者、智慧之蛇有特殊的關聯。普羅米修斯周圍的地板擺放了一些大理石的燈柱，燈柱的基座刻著分趾蹄。在這個裝飾物上，你可以觸碰其中一個分趾蹄，也許會因此激起你的天生秉性，把內心的意圖或呼籲傳達給普羅米修斯，請普羅米修斯把你極其渴望的那個事物賜予你。你願不願意在自己的周遭環境試試看這種或類似的做法？還是說，你太過「嚴肅」，無法冒險試試這麼幼稚的方法？克里希那穆提說過，期待受人尊重，最會妨礙自我感與進步。

有些人可能想知道我的說法何以有別於混沌魔法，混沌魔法是以自行構思與別出心裁的方式來主張自己的意志。嗯，我認為自己的見解類似混沌魔法，只是對於順其自然、自己動手做的道德準則，強調的程度高出許多。我在此處引述的一切就是一例，全都放下，構思你自己的儀式吧。把儀式內容分享出去，只是為了帶來啟發，不是為了下指示。混沌術士有時會從心理學觀點看待自己的工作，我踏上的途徑較偏靈性。

說來也許有點誇張，但無政府主義的革命者米蓋爾．巴枯寧（Mikhail Bakunin）的宣言打動了我的心：「我不忠於體制，我是真正的追尋者。」在我看來，這種說法正是混亂魔法的非正式口號。

在此邀你檢討你所知的一切，忘記你所有「可敬」的靈性，然後看看你找到了什麼。我有把握你一定找得到，等你確實找到了，可別呵護照料太久。不要一直動也不動。愛默生在〈論自立〉的開頭如此寫道：

> 把嬰孩丟棄在岩石之上，
> 讓他吸吮母狼的乳頭；

與老鷹狐狸度過寒冬，
手腳得了力量與速度。

本章的步驟是我這輩子不斷努力追求得來，假如我讓你覺得做了那些步驟就一定會獲得井然有序或適時的回報，那就是在誤導你。人生有如歷史，很少沿著直線行進。然而，我確實認為只要做了這些練習，並擋住一些極端抗衡的措施，那麼你的存在就會沿著力量與卓越之路前進。不過，會有一些蟄伏又辛苦的過渡時期。

在這種時期，請你抓住別種信念，也就是說，只要能面對困境、接受困境，就可以在莫大的困境下**增加**、**拓展**、**獲取內在能力**。我被開除過，被羞辱過，曾經造成別人的人生很痛苦。我也很清楚，當身分都被剝奪時有多麼令人心碎。

這些時期都會過去，而在我看來，如果你置身這些時期卻始終能回到自身，那麼等這些時期過去以後，會有意義留存下來的。要盡量回到一種能簡單意識到自己的狀態。

痛苦不一定會因此更快消失，但只要把注意力放回內在，就能真正去經歷現在正在發生的情況，進而觀察、學習、明白你比自己所想的還要更深奧與堅強。

我曾經歷數次不想醒來，或希望從惡夢中醒來的時期，總希望惡夢中的痛苦會離開，但人就是必須經歷這一切，好比植物在冬季枯萎卻未死，表面之下還藏有生命的脈動，待日後就會重現。我們不能要求避開那一面的人生，那就好比要求避開輪迴。

傳承或許是人生的意義所在，但跟這份意義緊密相關的就是認識自己。期望沒有痛苦，等於就是期望並接受了沒有自我感，那不是人類誕生的目的。如西方世界的神話所述，人類被逐出樂園，是要以個人身分活出人生、展現人生，而這點會在結尾探討。

習慣⑬

相信自己的選擇

那真的更好。

在地獄裡統治，這原則向來是我人生的特徵。我小時候和青少年時期往往覺得不自在，跟主流人生格格不入，沒辦法舒服做自己。我不得不打造出一個世界，在那裡，可以按照自己的方式體驗自身力量與能力，而那個世界帶領我來到此時此刻。我不會犧牲那些經驗換取更輕鬆的路，就算有能力做到也不願意做，因為假如真的那樣做了，就不會像今日的我那樣成熟、完整又能表現自己。這道理也同樣適用於你。

打造獨特的成功模式

我從事寫作與出版工作的這三十年就是最好的明證。名氣高的地方，待遇低的地方，我都努力工作過。我是否幸福滿足，決定因素向來是**自由**與否。無論在哪裡，只要我享有自由，能充分規劃自己的路線，那我不僅會最快樂，在藝術上、財務上也會最成功。在主流以外的地方互動交流又享有自主權，我個人覺得這樣比較如魚得水。有時是要離主流很遠的地方才行。英國詩人約翰・彌爾頓（John Milton）筆下的路西法說出以下名言：「在此我們或可安穩統治，據我所選／雖置身地獄仍值得費心統治：／寧在地獄稱王，不在天堂為奴。」

漫畫家史蒂夫・迪特科就是一例，他是我很喜愛的藝術家。迪特科最為人所知的一點，就是他和史丹・李（Stan Lee）共同創造蜘蛛人和奇異博士。今日，迪特科的作品——大部分是科幻、恐怖，還有他那別具一格、以客觀主義為主題的漫畫——具強烈批判性，更在文化上備受關注。迪特科是烏托邦資本主義者艾茵・蘭德（Ayn Rand）的忠實信徒，在工作上養成嚴格的自主精神。迪特科很少接受採訪，希望大家只透過作品了解他。

他注重自己作品的藝術整體性，據說多位電影製片為重現他筆下角色提出獲利頗多的工作邀約，但他都回絕了，而蜘蛛人與奇異博士電影媒介的相關款項，他也婉拒了。（因為在當時的漫威和其他漫畫出版社，藝術家的作品屬於僱傭作品，所以迪特科並未享有自己作品的權利，這些工作邀約不過是賞錢罷了）。迪特科不喜歡那些改編的電影。有些藝術家會等到支票兌現以後再抱怨，但迪特科不來這套。這位內向的漫畫家在紐約市時代廣場同一間狹窄的工作室工作數十年，如今已成為傳奇人物。

迪特科能成為傳奇人物實在令人訝異，畢竟一九七〇年代和八〇年代的漫畫迷——我是其一——會認為迪特科屬於老派作風，剛強的人物和粗略的繪圖（當時他並沒有充分發揮表現）並不符合當時比較傾向寫實的喜好。那麼到底是什麼起了變化？嗯，迪特科之所以得到代表性的地位，是因為人們重新發掘他在職涯早期發表的那些恐怖、超自然、科幻漫畫，市面上少見，被視為是富有遠見與創造力的作品。他那類型的作品十分出色。迪特科運用畫筆的方式如同奧森．威爾斯（Orson Welles）運用攝影機，採用極近特寫、全景透視法、時間與空間的剪輯、組合畫面，而一九五〇年代和六〇年代的漫畫看不到這類手法。在《奇異博士》和其他作品中，迪特科描繪的宇宙、魔法、其他次元景色仍然是無可匹敵的。

以下是重點：迪特科唯有自己做主的時候，才能把工作做到最好。所以他跟漫威的關係很短暫。他最好的作品其實是跟不太尋常、名聲也不太好的查爾頓（Charlton）工作室合作完成的，查爾頓是以康乃狄克州為據點的漫畫出版社，在職涯期間，迪特科曾在不同時間點多次把作品交由查爾頓發行。

二〇〇八年，評論家道格拉斯・沃克（Douglas Walk）在《紐約時報》表示：

一九五三年，迪特科以職業漫畫家身分畫出第一本作品，用他那令人不安又疏離的圖畫打造出低成本恐怖犯罪系列。迪特科很快就跟查爾頓漫畫出版社建立長久的關係，位於康乃狄克州的這家公司出版漫畫書，為的是能繼續不斷出版作品，支付的稿費雖是業界最低，卻多少能讓藝術家隨心所欲作畫。

查爾頓出名的地方不僅是稿費很低，還有印刷品質不佳，書名常抄襲，授權的改編很俗氣，系列也很短命。但對迪特科而言，那裡有如創意天堂，因為他是獨自一人，而在這種氣氛下，他成長不少。查爾頓在編輯或品質上沒有標準，這點在業界其他地方會被視為不專業，但像迪特科那樣工作很積極主動的人，那樣的出版社正是他需要的。在沒有監督、界限或干涉的氣氛下，他表現得很傑出。如果你走進任何一家漫畫店，找迪特科的作品集（無論你是不是漫畫迷，都鼓勵你去找找看），就會發現迪特科最常收入選集的故事是他跟查爾頓合作的時候，那些是二十世紀極其創新的漫畫。

相信自己的選擇，活出天命

我跟迪特科一樣，向來是寧選自由，不選聲譽。我還是資淺的助理編輯時，有兩個工作邀約可以讓我爬到正式編輯的職位：一個是去占據廣大市場的熱門出版公司 Dell 工作，另一個是去知性的出版公司 Arcade，當時它才剛出版社會評論家與運動人士麥可．哈靈頓（Michael Harrington）的最後一本書，而哈靈頓是我心目中的英雄。不過，我選擇了前者，我只是認為自己在主題範圍不受局限的地方會有更大的自由度，而且結果也沒錯。我在 Dell 出版了具有代表性的戶外活動作家強．克拉庫爾（Jon Krakauer）的第一本平裝著作；出版的暢銷小說系列更是替 BBC／PBS 迷你劇《頭號嫌犯》（*Prime Suspect*）打下根基；出版了第一本廣獲讚譽、講述「政治正確」爭議的書籍；還出版了很多其他的作品。

有時，我也會面臨毫無選擇的局面。一九九〇年代中期，我正踏上採購編輯的事業路，在聲譽良好的 The Free Press 出版社找到「夢想的工作」，前文曾提到當時仍是知性又保守的年代，而這家出版社正是充滿希望卻還未實現變革的中心所在。我跟幾位備受敬重的作家合作，我們出版的幾乎每一本作品都被一些可影響輿論的出版刊物評論，例如《紐約客》、《紐約時報書評》等。那是個振奮人心的時期，卻也結束得很快。儘管初期幾次都取得成功，但是要簽下好書、跟合適的經紀人相處融洽、有所突破，還是難上加難。

六月某個下午，我吃完午餐後回到辦公室，發現沒有電話留言等著我（這是出事的前兆）。我悄悄關門，腦袋擱在辦公桌上，知道自己遲早會被開除。不到一年，我就被開除了。

那個六月的下午，我一意會到結局即將到來，就知道自己一定要去找新工作才行。接下來幾個月，我體驗到一連串難熬的「差一點」，毫無收穫。我曾經前往今日已不復存在的《喬治》（*George*）政治雜誌面試工作，雜誌名稱來自於明星創辦人兼總編輯小約翰·甘迺迪（John F. Kennedy, Jr），可惜這位名符其實的紳士不久後就死於空難。某天晚上，有位醉醺醺、出身望族的總編輯邀我去某家知名的政治文化雜誌工作，而之後在一次奇怪又針鋒相對的午餐聚會上，副總編否決了那個工作邀約。我曾經進入《紐約時報》藝術概念編輯的最後一關面試，在一連串的閉門面試中見到了該報的執行編輯，但該報選了某個新聞經驗較多的人。差那麼一步就能抓住金戒指，卻跨不出去，實在氣餒又茫然。我努力解譯當中的訊息。

我意會到自己沒辦法走那種仰賴人脈的白領路線，於是決定走藍領路線，開始像其他新人那樣應徵職缺。我接受第一個工作邀約，在當時名為 Tarcher/Penguin 的一家新時代出版社擔任資深編輯。

我立刻就喜歡上該家出版社，不僅有個人情感上的連結，而雖然我當時也沒有那麼關注靈性議題，但我覺得自己在該家出版社肯定能成長不少。我有些朋友和同行抱持不同的看法。該家出版社提供的待遇比我之前待過的地方還要低。紐約某家出版社不再邀請我去電影放映會，她說：「這是給業界的採訪記者去的，他們根本不認識你。」在紐約，一旦墜落，就是重重落地。

我不在乎。在我看來，與其堅持要得到更可敬公司提供的更時髦工作，不如接受一道開啟的大門和一句確實的肯定，工作的地方也最好能讓我用未經加工的黏土自行發揮，讓我規劃自己的路線。我採取的是迪特科的態度，或者說，我採取的是彌爾頓筆下被逐出天界的路西法的態度。

結果證明我的策略正確。該家出版社的神祕學書籍庫存書，我很快就有所理解並產生同感，還開始認識一些哲理，從新思潮到靈性導師葛吉夫的想法都有所涉獵，人生因此起了莫大變化。最重要的一點，我發現自己不僅想出版這類主題的書籍，專為高品質形上學思維打造出一處莊嚴的空間，更想寫這類主題的書。我在出版業獲得的最大贈禮就是重新發現了身為作家的自己。我找到了使命感、目標，找到了真正的天職。如果我聽取了那些胸懷大志的朋友所給的建議，那我永遠也無法來到今日的位置。我原本會堅持走仰賴人脈的方式，我原本會是錯的。

前往能夠創造改變的地方

我這輩子最好的經驗來自於那些任由我去實驗、失敗、成功、享有自由的地方。後來有的出版物會刊登我撰寫的稿件，說來有意思，那些出版物以前常評論我出版的書籍。由此可見，成果會到來，但唯有等到我有機會創造自己的作品，才有所收穫。

我能把水準更高的品質帶到需要高品質的領域。大家向來認為新時代出版業不具有無窮的卓越智識，但怎麼不去試試看呢？為什麼形上學印刷品不能像其他種類的印刷品那樣，採用同樣嚴肅又完整的標準？當中又沒有固有的障礙。我努力打造的環境是要讓超自然、神祕學、自我發展領域的有才者能夠認真寫作也被認真看待。作者惠特利．史崔伯（Whitley Strieber）對我說：「我覺得有些編輯一掛電話就會開始取笑我是幽浮瘋子，就只有你不會。」

本章一開頭就引述了《失樂園》的句子，現在要就相關的論點引述《塔木德經》。《先賢德訓》（*Pirkei Avot*）這本猶太法典大部分是師生的問答，有一位學生問：「什麼是人生中該依循的正確道路？」老師對他說：「去沒人的地方，在那裡努力成為人。」去需要你的那個地方，去你的存在可以帶來轉變的那個地方，去你因沒有常規支援而受到考驗的那個地方。

走自己的路，帶來驚人成果

前文已描述十日奇蹟挑戰的構思，而我漏掉一樣細節。起初想書名的時候，擔心書名聽來有點陳腔濫調或嘩眾取寵，或許現在這組也是這樣。不過，我認為應該要做出大膽的承諾，並且實現承諾，不該閃爍其詞。偶爾會有人指責我煽動人心，但我根本沒想把煽動當成是目標。不過，我也發現一點，在地獄裡統治——亦即走自己的路，不顧傳統或體面與否——可帶來驚人的成果。在許多方面更能得到最好的成效，因為完全不必妥協任何事情。

二〇二〇年二月，另一半和我獲邀參加紐約市古根漢美術館（Guggenheim Museum）新展覽開幕式的宴會。古根漢是全球首屈一指的美術館，而邀請函是該場展覽其中一位策展人寄的，我在那不久前見過對方。這類活動總是熙攘熱鬧，起先我連該不該靠近跟他打聲招呼都不太確定。在挨肩擦背的宴會上，場地另一端的他看見我，露出微笑，表情開朗起來。我倆努力穿過人潮去打聲招呼。他一臉興奮告訴我，他是怎麼應用十日奇蹟挑戰，在過去兩天經歷了突破性的結果。相信我，大家才不會晚上在這種地方一邊喝著雞尾酒，一邊聊著奇蹟挑戰。不過，我們卻是反其道而行。我在選擇書名或練習的時候，並沒有想靠自己的文采努力讓大家留下深刻印象或吸引大家注意。可是，不管了，我這樣對自己說著，畢竟那是我所相信的。我曾經無法想像自己能站在這裡，但真誠付出努力後，竟也獲得這裡的接納甚至敬佩。如今，他和我共同合作，重新發行形上學的一本經典著作。

在此我們或可安穩統治，依我所選。跟隨你的選擇吧。奇蹟不是來自於巧計妙策，奇蹟是來自於不受拘束的自我感。

作者簡介

米奇・霍羅威茨是另類靈學史學者，在今日的祕傳之事、神祕主義、超自然領域，十分博學多聞。

米奇闡述局外人的歷史，解釋它與當代生活的關聯，揭露人們長久的追求就是讓百態人生獲得自主力量與主導權。

拜他所賜，「新時代」一詞的使用回到可敬的狀態，少有超自然作家像他那樣，作品觸及學術獎學金、全國新聞、次文化聲望的基地。

米奇是紐約公共圖書館二〇二〇年駐館作家、洛杉磯哲學研究會駐會講者、筆會獲獎作者，著有《美國超自然》、《一個簡單的想法》、《奇蹟俱樂部》、《未定之地》（*Uncertain Places*），二〇二三年預計出版《現代神祕主義》（*Modern Occultism*）。

他在以下節目探討過另類靈學：CBS的《週日晨間新聞》（*Sunday Morning*）、NBC的《日界線》（*Dateline*）、Vox和Netflix合作製作的《流行大百科》（*Explained*）、AMC Shudder的《被詛咒的電影》（*Cursed Films*，二〇二〇年SXSW官方選擇的影片）第一與第二季。米奇和艾美獎提名導演朗尼・湯瑪斯合作，主持、共同撰寫與製作紀錄片，內容是跟《祕典卡巴萊恩》（The Kybalion）這本超自然經典之作有關，紀錄片是在埃及拍攝。這部紀錄片上首映時排名第三。

他在即將上映的派拉蒙驚悚片《我的動物》（*My Animal*）中扮演一名新聞播報員，該片由賈桂琳・卡斯特執導，為二〇二三年日舞影展的正式競賽片。

米奇撰寫的主題五花八門，涵蓋了獵巫之戰、雷根總統的祕密生活等，刊登在《紐約時報》、《華爾街日報》、《華盛頓郵報》、《時代》、《政治》、各種小誌與學術期刊。他錄製的有聲書如下：《匿名戒酒會》（*Alcoholics Anonymous*）、《渡鴉：吉姆・瓊斯牧師及其子民的未公開故事》（*Raven: The Untold Story of the Rev. Jim Jones and His People*，該書作者親自挑選他擔任瓊斯的聲音）。米奇的著作《覺醒的心靈》（Awakened Mind）是第一批用阿拉伯文翻譯出版的新思潮作品。米奇的著作目前已翻譯成法文、阿拉伯文、中文、義大利文、西班牙文、韓文與葡萄牙文等多國語言。作品在中國受到政府審查。

榮獲二〇一九年沃爾登跨信仰／跨文化理解獎。

Twitter：@MitchHorowitz

Instagram：@MitchHorowitz23

www.MitchHorowitz.com

翻轉學　翻轉學系列 104

讓你自帶好運的奇蹟習慣

只要十天，身心、工作、生活、關係都會逆勢翻轉的關鍵祕密

The Miracle Habits: The Secret of Turning Your Moments into Miracles

作者	米奇．霍羅威茨（Mitch Horowitz）
譯者	姚怡平
封面設計	李涵硯
內文排版	黃雅芬
行銷企劃	陳豫萱．陳可錞
責任編輯	劉瑋
主編	陳如翎
出版二部總編輯	林俊安
出版者	采實文化事業股份有限公司
業務發行	張世明．林踏欣．林坤蓉．王貞玉
國際版權	鄒欣穎．施維真．王盈潔
印務採購	曾玉霞．謝素琴
會計行政	李韶婉．簡佩鈺．許俽瑀
法律顧問	第一國際法律事務所　余淑杏律師
電子信箱	acme@acmebook.com.tw
采實官網	www.acmebook.com.tw
采實臉書	www.facebook.com/acmebook01
ISBN	978-626-349-143-4
定價	360 元
初版一刷	2023 年 2 月
劃撥帳號	50148859
劃撥戶名	采實文化事業股份有限公司
	104 台北市中山區南京東路二段 95 號 9 樓
	電話：(02)2511-9798　傳真：(02)2571-3298

國家圖書館出版品預行編目資料

讓你自帶好運的奇蹟習慣：只要十天，身心、工作、生活、關係都會逆勢翻轉的關鍵祕密 / 米奇．霍羅威茨 (Mitch Horowitz) 著；姚怡平譯．-- 初版．-- 台北市：采實文化事業股份有限公司，2023.2
280 面；14.8×21 公分．--（翻轉學系列；104）
譯自：The Miracle Habits: The Secret of Turning Your Moments into Miracles
ISBN 978-626-349-143-4（平裝）
1.CST: 習慣　2.CST: 成功法
176.74　　111020970